12趟最有趣的傾聽、提問、對話之旅

搭上哲學巴士，引導孩子獨立思考

禹抒希 우서희／著

馮燕珠／譯

好評推薦

利用提問式教育，能夠促進孩子思考。在充滿雜訊的時代，當孩子學會如何去釐清問題的本質，更能抓住安身立命的核心價值。這也是面對變化快速的社會需要的關鍵能力。

——國中教師、作家／洛洛老師

思考與表達是很重要的能力，但學校往往沒有教。這本書用歷代文人的智慧辨證與生活故事，引導學生思辨與和善表達，是父母帶領孩子練習思考與學習表達，既容易執行又溫暖人心的入門書。

——暢銷親子作家／尚瑞君

每天面對孩子的十萬個為什麼，你是否也感到疲憊不堪？做為教育工作者和兩個孩子的媽媽，我發現書中的方法不僅讓親子對話變得更有趣，也引起孩子們好奇的學習動機。翻開這本書，你也能找到屬於你和孩子的哲學對話之旅。

——《從我開始的關係功課》作者／徐慧玲Lynn

序

與孩子一同展開提問與探索人生的旅程

歡迎各位搭乘哲學巴士！能夠與大家一起旅行，我感到非常高興。這是一輛以「探索意義」為目的地、緩慢行駛的哲學巴士。

你或許會覺得「哲學」和「探索意義」聽起來好像很艱深，但請不要擔心，因為孩子們會與我們同行。就像剛抵達陌生國度的旅人一樣，孩子會用明亮的眼睛看世界，而他們看似天馬行空的提問和意想不到的想法，都會為哲學對話注入生命。

學習哲學有什麼好處呢？**從小接觸哲學的孩子，無論遇到什麼問題都不會逃避，反而會選擇面對問題**，並提出更多問題。

與朋友一見面就吵翻天、一看到對方就心生厭惡時，學哲學的孩子可以透過「吵架是什麼？」「友情是什麼？」等問題來尋找「那個問題對我們的生活有什麼意義？」的答案。

提出問題、探討意義的過程，就像是搭乘巴士穿梭在幽靜鄉間的緩慢旅行，可以調整因發生問題而產生激動情緒下的呼吸，然後與一同搭乘巴士的朋友們分享不同的想法。如此一來，錯過的事物也會重新映入眼簾。

某個上哲學課的日子，九歲的鴻宇說：「哲學就像蘋果。之前只看到蘋果皮，沒想到在薄皮底下還有著厚實的果肉。現在透過哲學，連種子長什麼樣子都知道了。」

如果不接觸哲學，我們會以為日常所見的一切就是生活的全部，只顧著想辦法處理眼前的問題，但是**透過探索問題意義的對話，可以發現洞察問題核心的種子**。

聽到鴻宇這樣講，我不禁鼓掌誇讚：「鴻宇，這是很棒的想法！我現在才明白為什麼要和你們一起探索哲學。」

鴻宇聽了之後又補充道：「對了！不只發現種子，如果種下去，就會長出新的蘋果了！」

新的蘋果！只淺嘗生活表面的人，既無法發現，也不會種下思想的種子，如此一來，就不會有新的想法，只能被束縛在陳舊的窠臼中，在同樣的位置上不斷徘徊；**接觸哲學的人會把問題當作人生經驗，並以此爲基礎，激發出新的想法**。

我成立哲學社團、和孩子們一起探索意義，他們也開心地分享自己的發現和想法。因為珍惜和這些孩子們相處的點點滴滴，因此創辦了刊物《魷魚五花肉》和《大燒包》。

就這樣在教室裡與他們一同看書、進行哲學對話的時間，不知不覺已經過了十多年，對我來說這是一段無比珍貴的時光。

哲學對話，並非只能在教室裡進行，相反的，在家就能進行，而且同樣具有很大的效果。孩子從出生來到這個世界，隨著時光流逝，慢慢學會翻身、走路、說話，接著進入校園，這過程之所以能平安度過，是因為有父母在身邊。

孩子「咿咿呀呀」嘟囔的時候、第一次說「媽媽」或「爸爸」的時候，相信為人父母都會相視而笑、感到無比欣喜。所以當孩子有了自己的想法時，第一個也會想告訴父母。

因此，**請與孩子對話**。孩子正等待父母聽自己說話、關注自己的想法，看著種子受到陽光的孕育而逐漸成熟變成紅蘋果的樣子。

這本書是針對想了解孩子內在想法的大人所寫的「哲學旅行」指南。

在**第一部分成十二個哲學車站**，談論權威、學習、外貌、愛、死亡等，每一站都有不同的哲學家陪同搭乘，和孩子們一起思考、提問、辯論。也有一些兒童讀物幫助我們探索，同時，在每一站的最後，都備妥一份可以一目了然的哲學旅行地圖。

第二部介紹在家進行哲學對話的具體方法。有許多家庭連一般日常對話都很少，為了那些人，特別介紹與孩子好好展開日常對話的方法，然後再擴大到哲學對話。同時，將（一）傾聽孩子說話的方法、（二）提問的方法、（三）選擇兒童讀物的方法整理成「**三階段哲學對話法**」。

一直以來，我都與孩子們一同探索生活的意義，現在也請大家握住他們的手，一同尋找隱藏在生活各個角落的意義吧！

聽聽孩子的想法和理由，給予各種回饋，持續進行下去就可以褪去熟悉和陳舊的想法，迎接人生意義的喜悅。

希望這本書能成為各位與孩子一同發現新想法種子的愉快旅行出發點。

好了，現在哲學巴士要啟程了。Let's go！

目錄
CONTENTS

第二部　若想和孩子一起開啟哲學之旅

第一部

和孩子同行的
十二趟哲學之旅

第一章

自己思考、自己決定

第一站　權威：

「為什麼一定要寫作業？」

小學五年級的元杓創立了一個社團，名為「反禹抒希俱樂部」。

我會發現這件事是在某天中午，有個孩子很謹慎地走來，輕聲對我說：「老師，元杓找了其他同學，成立了一個專門反對老師的俱樂部。」

我當下以為自己聽錯了，於是再問一遍：「什麼？你說什麼俱樂部？」

「『反禹抒希俱樂部』，元杓就是會長。」

我一時愣住了，不知道該說什麼。元杓和其他孩子從來沒有對我表達過任何不滿或對我生氣過，因此我完全無法理解，這種「反○○○俱樂部」，不是一些討厭某藝人的「黑粉」們聚在一起批評對方的社團嗎？聽說有些還會拿剪刀在藝人的照片上挖洞，或用紅筆在照片上亂畫。

我的手不自覺地開始發抖，但我不想讓孩子看到我的驚慌失措，特別是不能讓他們看到我因為元杓創立「反禹抒希俱樂部」而深受打擊的樣子。

當天到了最後一堂課，我盡量擺出若無其事的樣子對孩子們說，如果對我有什麼不滿可以直接告訴我。一直以來，我都很努力聽取他們的意見——每週五的第六節課是班會時間，孩子們在會上所提出的各種想法，我都會盡可能地給予回應。

雖然很想裝作不以為意且堅定地表達，但事實上我的聲音明顯感覺得出緊張，而孩子們應該也察覺到了。我覺得很委屈，感覺好像沒有人知道我有多努力教書。

等孩子們都放學離開後，隔壁班老師過來找我，我說了關於反禹抒希俱樂部的事，還大哭了一場。偏偏這時班長因為忘了拿東西折返回教室，結果就被他發現了。

第二天，反禹抒希俱樂部會長和三名會員來向我低頭道歉。看到他們緊張的樣子，我覺得應該好好跟他們談一談。我問孩子們對我有什麼不滿，他們支支吾吾地說：「我們不喜歡寫作業。」

我每天都會要求孩子整理當天學到的內容，並寫在學習作業簿裡。我仔細地告訴他們為什麼要複習、應該如何整理筆記、如何抓重點等。孩子繳交之後，我會針對好的部分和不足的部分給予回饋。如果沒寫完，放學後就得留下來寫完才能回家。

元杓和那幾位孩子幾乎每天都沒寫，因此常常在放學後留在教室裡補寫。然而，當我送其他孩子到校門口時，教室裡的孩子並沒有在寫作業，反而在計畫著要怎麼給討厭的老師一個教訓。

「如果你們不想寫作業可以直接跟我說啊！」

聽了我的話，孩子們沒有回答，臉上帶著不解的表情。關於這件事，我覺得他們必須為自己的行為負責，因此罰他們這一週每天放學後都得留下來打掃教室。當初因為不想放學後還要留下來寫作業而成立了反禹抒希俱樂部，結果最後還是一樣得留下來，甚至還要打掃。

事情就這樣告一段落。後來其實不記得孩子們是否有每天乖乖寫作業，但每當我告訴孩子可以直接表達不滿時，還是會想起元杓當時的表情。

寫作業的理由和老師的權威

為什麼孩子會用攻擊我的方式發洩不滿呢？不直接表達、不反抗，而是以私底下有組織的方式。

我研究了哲學家們提到的**權威**概念，才明確地了解原因。第一位為我解惑的哲學家是漢娜．鄂蘭。對於經歷過第二次世界大戰的鄂蘭來說，權威概念非常特別，因為她很想揭示希特勒指揮納粹軍隊屠殺猶太人並非基於真正的權威。

根據鄂蘭的說法，權威總是要求服從，但是不知怎的，「服從」這個詞讓我很反感，因為它會讓人聯想到必須無條件聽從命令的可怕面孔。

所以，**眞正的權威是尊重自主性的服從**，也就是說，權威應該是尊重他人自行決定是否要依照指示行動。同樣的，我要求元杓寫作業，但他同時也有不寫的自由，如果他自願寫作業，代表我對元杓有權威。但是元杓不想寫作業，因此以「破壞老師的權威」的方式進行反抗。

孩子們集結起來組成一個反對我的集團，但並無任何具體行動（例如在我的照片上戳洞或亂畫），只是告訴班上其他同學「我們成立了反禹抒希俱樂部」一事。

光是一群有組織性地集結討厭老師的勢力這一行為，就已經傷害到我的權威了，因為他們向班上其他孩子傳達「我們不想聽老師的話」這樣的訊息。

鄂蘭指出，當真正的權威消失，教育問題就會遭遇危機。如果父母和教師不能以真正的權威引導孩子，他們就無法習得必須學習的東西。

想像教室裡有許多想擺脫父母和老師的控制、想隨心所欲自由行動的孩子——我不想要那樣的教室，但也不想成為事事凌駕於孩子之上的獨裁老師。

鄂蘭所指的「真正的權威」到底是什麼？**尊重自主性的服從**有可能實現嗎？我想聽聽孩子們怎麼想。

如果老師看起來很凶，假裝聽話就好

首先，我問孩子們為什麼要寫作業。

「老師指派作業給學生，學生們就開始寫作業，但是，為什麼要寫呢？」

「因為怕老師生氣、怕被老師罵，所以才寫作業。」九歲的智媛這麼回答。

正如她所說，如果老師很凶，孩子確實就會聽話，於是我拿了《尼爾森老師不見了！》這本描寫可怕老師的繪本，並唸其中的故事給孩子們聽。

尼爾森老師其實一點都不可怕，她一直都很和藹可親，對學生也很好，但學生們都不聽她的話，除了不乖乖聽課之外，還會在課堂上玩紙飛機，不然就是聊天說笑，不過尼爾森老師卻從未因此罵他們。

然而有一天，尼爾森老師突然不見了，取而代之的是一位身穿黑衣，妝化得很可怕的史瓦普老師。史瓦普老師豎起有著超長指甲的手指，用尖銳的聲音喊著：「閉嘴！安靜！」

孩子們在史瓦普老師的課堂上都安安靜靜的，也不敢吵鬧，個個坐得端正，沒有人敢開玩笑、惡作劇，跟之前上課的情況簡直大相逕庭。

故事唸完之後，我問孩子們：「為什麼故事中的學生都比較聽史瓦普老師的話呢？」

「因為史瓦普老師很凶，所以大家只好假裝聽話，但是他們心裡一定都覺得他不是好老師。」八歲的鴻宇回答。

雖然學生們害怕老師而不敢亂來，但實際上也並非真的聽老師的話，甚至還會懷疑對方是不是一個可以好好教導他們的「好老師」。

史瓦普老師不尊重孩子們的自主性，只是利用權威要求他們無條件服從。鄂蘭曾提到，為了了解什麼是權威，必須要先指出不被認定為權威的事物，也就是**權力**。

權力和權威一樣，是讓人服從的力量，用強制的方式指使他人。當史瓦普老師揮舞著又長又尖的手指，命令大家安靜的時候，孩子們服從的不是老師的權威，而是權力。

然而權力並非只有大人才能運用，孩子們也可以行使權力，就像他們在尼爾森老師的課堂上吵吵鬧鬧、亂丟紙飛機、無視老師的話，導致老師無法好好上課一樣。

若在具有權威的教室裡，孩子們會知道要好好學習，同時，老師也要尊重孩子，讓他們可以自由表達想法和心意。如果孩子們只能默默聽大人說什麼就做什麼，那麼他們就不會思考，心靈也無法成長了。

權威有責任引導孩子按世界的秩序走，同時也要尊重孩子的自主權。那要如何才能做到在具有權威且不耍權勢的同時尊重孩子、引導他們走向世界呢？

不聽老人言，吃虧在眼前

我問同學們為什麼要寫作業，鴻宇這樣回答：「寫作業對我的成長很有幫助。」

沒錯。作業不是老師為了刁難學生，而是為了幫助學生好好學習才有的產物。我出給元杓的作業是將課堂上學到的內容，整理在筆記本中——這是一個經過許多學習理論和認知理論驗證得出的學習方法。

為了讓所學的內容長久印在腦中，當天馬上複習，將學習內容用心智圖的方式視覺化、結構化，直到確認自己知道多少為止——是非常充實的學習方法。如果孩子們確信這個方法對自己有幫助，開始自動自發地寫作業，那我就是對他們行使了權威。

接下來再來認識一位與權威議題有關的哲學家——約瑟夫．拉茲。他是一位現代法律哲學家，曾於牛津大學任教，於二〇二二年去世，曾提出**服務性權威**概念。

其實我們對於服務性權威並不陌生，大家應該都聽過「不聽老人言，吃虧在眼前」這句俗語吧？換句話說，聽了長輩的話，就不會出錯。也就是說，孩子很難自行透過研究學習理論和認知理論，找出最適合自己複習功課的整理筆記法，所以用老師（學者）研究出來的方法學習，會比自己一個人摸索來得更有效率。

放學回家還要抽出時間坐在書桌前學習，真的是很辛苦的一件事，但是老師出作業要學生回家寫，實際上也是在培養他們忍受那段時間的力量，也就是說，因為老師比孩子懂得更多，讓孩子完成原本很難達到的目標這件事，本身就具有權威性。

如果是教養專家出的作業呢？

但如果是別人出的作業，孩子又會有什麼樣的反應呢？其實很多人都知道，不一定非得是導師，其他人出的作業也會對孩子有幫助。於是我又問了鴻宇：「假設你在放學回家的路上遇到一位陌生人，他對你說『這是一份對學習非常有幫助的作業，你帶回家做做看』，你會收下嗎？」

「我不知道耶。不過，老師不是說過不要隨便聽陌生人的話？如果是陌生人要我寫的作業，這當中可能會有什麼問題吧？我應該會先跟老師說……」

「如果老師說沒關係呢？」

「那就表示可以收下。不過我還是會覺得有一點怪怪的。」

一聽到是陌生人，鴻宇就先產生戒心，但鴻宇覺得老師有責任保護他，並相信老師不會讓自己陷入危險，所以決定去詢問老師的意見。

這回用鴻宇也知道的有名權威人士，看看能不能解除他的警戒。

「那如果是吳恩瑛博士（注：韓國家喻戶曉的「教養之神」、親子教養專家、精神科及兒童青少年精神科醫師）出的作業呢？吳恩瑛博士說『這份作業對你會有很大的幫助，趁暑假寫完，等開學後我再檢查』，你會收下來嗎？」

「我應該會對『為什麼吳恩瑛博士要出作業』這件事感到困惑，再思考她會在哪裡檢查我的作業？」

「是啊，如果是老師出的作業，到學校就可以檢查；但吳恩瑛博士要怎麼檢查呢？難道開學那天她要到學校來嗎？」

「啊！說不定是和她長得很像的人來！」

「喔，也不是不可能，這世界上有很多長得很像的人。那萬一……」

我一再補充情境，但話還沒說完，鴻宇就開始「嘻嘻嘻」地笑了起來。

「你一定覺得老師怎麼一直讓情況越變越複雜，對吧？我們現在就是在進行哲學思考。鴻宇你可以有合理的懷疑，而老師也可以針對同一個狀況，不斷提出各種可能會發生的問題。好，如果吳恩瑛博士真的到我們教室來上課，會怎麼樣呢？」

「我應該會問她怎麼會進到教室來吧？不過如果是老師允許的，應該就沒問題了。」

即使是家喻戶曉、鼎鼎大名的吳恩瑛博士，在鴻宇看來，還是需要先得到老師的允許才能進到教室、需要先詢問老師，才可以寫吳恩瑛博士出的作業。

老師出的作業鴻宇從來不曾有疑問，為什麼對其他人出的作業就會產生懷疑呢？

巨大的責任伴隨著巨大的力量

這個原因就由這一站最後要介紹的哲學家史考特．赫修維茲來解答。赫修維茲的老師就是前面提到，主張「服務性權威」的哲學家拉茲。多虧拉茲，赫修維茲才能在牛津大學就讀，但他卻猛烈批評拉茲的主張是錯的。不過，哲學家的工作就是不停批判現有的哲學，在此基礎上再建立新的理論。

赫修維茲主張，即使A對某事比B更了解，也不能強迫B照A的方法去做，因為B有權依照自己想要的方式去做。也就是說，就算是有名的吳恩瑛博士，也不能任意進入任何教室出作業給學生。

換個情境，A之所以能對B行使權威，不是因為比B懂得更多，而是因為對B負有**責任**。也就是說，老師有責任幫助孩子健康且正常地成長。

老師出作業，還要負責確認學生們做得好不好，如果做不好，就要告訴孩子該如何改；老師要負責提供能引導孩子成長的學習內容；遇到孩子們起爭執時，老師要負責確認兩方的狀況，引導雙方互相理解、道歉，幫助孩子維持良好關係；老師要負責訂立不可以在走廊上跑步的規範，如果孩子因為奔跑而受傷，就要負責連繫家長和醫務室，同時負責告訴其他孩子遇到這種狀況該如何應對……老師背負的責任真的很多，如果要一一寫下來，這本書就寫不完了。

赫修維茲推翻了蜘蛛人的座右銘──「能力越大，責任越大」，他這樣說：「巨大的責任會伴隨著巨大的力量。」

因為大人對孩子有責任，所以可以讓孩子嘗試各種事。

孩子因為在走廊奔跑而受傷時，老師有責任幫助孩子接受治療，因此可以規範孩子不可以在走廊上奔跑；孩子在學習時遇到問題，老師有責任替孩子解惑，所以可以出作業給他們做。

父母對孩子的責任更大。老師就算擔任班導師，頂多負責孩子一個學年，但父母卻要承擔一輩子的責任。為了健康安全地養育孩子長大成人，父母背負了要獻出自己人生的巨大責任。

雖然父母的肩膀有這麼大的責任壓在上面，但也因此可以提供孩子指示，而孩子也有義務服從——但總是很難。如果孩子能完全聽從大人的指示，或許我們根本就沒有必要費力揭開權威的概念。

父母有責任要孩子早點睡，所以如果孩子因為想玩還不肯睡，父母可以命令他們馬上去睡覺，但同時，不要忘了孩子是珍貴的存在，所以不要因為不想早睡就對他們大動肝火。

給孩子一條粗繩

我家老大開始會表達自己的想法後，曾有很長一段時間，每天哄他睡覺就像是一場戰爭。

「現在是睡覺時間了。」

「我還想再玩。」

「已經十點多了。」

「我還想玩嘛，為什麼不讓我玩，每天都叫我睡覺！」

接下來是大聲痛哭。明明已經玩一整天了，真懷疑那些時間都消失了嗎？

幫孩子擦去滿臉的眼淚和鼻涕，我改變戰略。

「那媽媽先回房間躺著，你想睡的時候再進來。」

過了一會兒，原本一個人玩的孩子，悄悄地躺在我身邊，睜大眼睛、環顧黑暗的房間問道：「媽媽，為什麼會有晚上？」

「因為太陽要睡覺，所以就變成晚上了。」

「為什麼？」

「不睡覺明天會很累。」

「可是我不累啊？不用睡覺也沒關係。」

看來這個戰略也失敗了。

就這樣，我每天晚上都要想新方法哄孩子睡覺——輕拍孩子的背哼歌，感覺應該睡著了，結果又突然爬起來說想喝水。倒水給孩子、講老掉牙的故事，好不容易才終於睡著。

某天晚上講故事哄孩子睡時，我突然覺得權威就像故事裡被老虎追趕的小兄妹，眼前突然出現一條從天上垂下來的繩子一樣。

老虎一邊說：「給我一塊年糕，我就不會把你們吃掉。」卻早就把媽媽做的年糕和媽媽本人都吃下肚了，甚至還假扮成媽媽闖進屋內，想把小兄妹吃掉。而在現實生活中，到處都有如老虎般的危險，所以大人有責任保護孩子的安全。

如果放任孩子不給他任何指示，就等於不給他繩子，讓孩子在現實中自生自滅；如果給孩子不正確的指示或任意對他發脾氣，就等於給孩子一條腐爛的繩子，他只會受到傷害，無法學習關於這個世界的規範。

無人服從的權威不是權威，如果孩子不抓住繩子，繩子就會在半空中胡亂晃動，也就是說，大人有責任給孩子一條結實、讓他們想握在手中的繩子。

故事裡的小兄妹抓住結實的粗繩，往上爬到天空，變成了太陽和月亮。如果沒有太陽和月亮，這個世界就只有黑暗。若大人能把粗繩交給孩子，他們就會穩穩地往上爬，總有一天來到大人的世界，照亮黑暗的天空，耀眼、明亮、溫暖。

發現新想法的哲學旅行地圖

一，在權威車站遇到的哲學概念：

☑權威 ☑權力 ☑責任

二，爲父母準備的嚮導提問：

如果孩子不想寫作業，但父母強迫孩子服從，雙方在情感上都會受傷。不如先把今天的作業放下，和孩子一起從「權威」中尋找寫作業的理由。

☑我可以不聽不生氣的大人說的話嗎？

☑爲什麼一定要照大人說的去做？

三，權威車站的哲學對話：

● **權威是什麼？**

如果A要B做某件事，B聽了之後就去做，那麼A對B具有權威。可是因爲人有自主性，所以B也有可能不會聽A的話去做。

● **權威和權力有什麼不同？**

權力是強迫服從的力量。如果A叫B非做某件事不可，那麼A就是對B行使權力。如果B不照A的話去做，就會遭遇危險或恐懼。

● **具有權威的人還擁有什麼？**

若A對B來說具有權威，那麼A就有責任讓B成長爲既存世界的一員，保護並守護著B。

● **爲什麼要寫作業呢？**

因爲老師有權威，具有權威的人同時也背負了責任。老師有責任教學生學習，所以可以指示學生寫作業，當學生遵從指示寫作業，老師就達成了權威。

自由　學習　權威

第二站　學習：

「有沒有可以代替學習的複製人？」

敏熙媽媽向我求助：「不管我怎麼解釋學習是為了自己好，可是還是覺得敏熙被我強迫、心不甘情不願地去念書。」

敏熙已經國小五年級了，媽媽認為她應該可以自訂讀書計畫，並按照規畫學習。但是敏熙總是拖拖拉拉，叫她去寫功課卻總是賴在床上滑手機，看的媽媽心裡鬱悶，唸到連自己都覺得煩。

不只敏熙媽媽有這樣的煩惱，相信很多家長看到把作業放一邊、東摸西摸或只顧著玩的孩子都會嘆氣。

孩子為什麼不喜歡念書？我很好奇孩子們的想法，於是問哲學社團的學生，有沒有曾因為念書而挨罵的經驗？智晟一臉認真地回答：「我沒有。」

弟弟智厚馬上說：「騙人！我可以作證！」

其他人都一起笑了出來。

恩秀說：「要說從來沒有因為念書而挨罵，一定是騙人的。我也因為愛玩，被罵了好幾次。」

「怎麼罵？」

「我爸會說：『妳不念書長大以後要做什麼？』我媽就會……有點可怕，所以我要是看到媽媽臉色不對，就會在她罵人之前趕快去念書。」

孩子說，每個人一定都有因為不念書而被罵的經驗，那麼念書究竟是為了什麼？一定會被罵嗎？

為了傳達學習的感動給孩子，我挑了一本繪本《我學了○○》。這本書的主角只露出半張戴著眼鏡的臉，在藍色的水裡游泳、學騎紅色自行車、用黃色電視學外語。在主角的生日派對當天，終於露出了整張臉——原來是一位七十四歲的老奶奶，開心地吹蠟燭。

我希望透過這本書告訴孩子們，連白髮蒼蒼的老奶奶每天都不忘學習，比她還年輕的我們更應該時時學習。生活就是不斷學習新事物，但是當善惠看完繪本之後，卻很明確地說**學習和念書不一樣**。

「學習是從出生到死都不會停止的行為，但是念書僅限在學校，畢業後就結束了，像國文、數學、社會、自然科學這些科目，不需要上學之後就不會學了啊！」

是啊，從學校畢業後，就不會再學習教科書上的內容了。智晟也指出學習和念書的目的不同。

「好好學習，就能獲得生活的智慧；如果念書念得好，可以考上自己喜歡的大學或者找到好工作。」

對孩子來說，現在在校園的學習就是念書，也是未來成功的手段。敏熙的媽媽一再強調「學習是為了自己好」，但她都沒有聽進去的原因是——那是為了「未來的敏熙」所做的事。

世界瞬息萬變，連明天會發生什麼事都不知道，現在卻要為了十年後的自己學習，孩子會覺得有點茫然。雖然知道好的職業很重要，但是對孩子來說，並沒有迫切到需要把屁股黏在椅子上念書的程度。於是，我們決定先不去摸索遙遠的未來，而是尋找當下學習所感受到的喜悅。

如果有複製人可以代替學習，真的會比較好嗎？

我問孩子學習是什麼？智晟首先回答：「要先學習，才能找到自己想做的工作或實現夢想。」

「你說的是學習後的收穫。先不談學習的好處，想想學習是『什麼』。就像把堅硬的西瓜皮削掉，就會看到果肉一樣，我們一起把學習的心打開，看看『學習到底是什麼』。」

智晟想了想，又說：「學習是學會教科書上的知識後，可以解開問題。」

善惠也開口了：「如果想要解決問題，就必須理解書裡的內容並背起來。」

孩子們說學習是閱讀、理解、背誦陌生知識的過程。因為陌生，所以覺得新鮮，有些很有趣，但有些可能很難、很無聊，這個過程是高度智力活動，需要磨練。

從孩子們的話聽來，學習就像攀岩，未知的世界就像矗立在眼前的巨大山壁，必須爬上去才能眺望美景，但徒手攀岩是多麼不容易的一件事，中途難免會有想要放棄的時候。

吉竹伸介的繪本《做一個機器人，假裝是我》，裡頭的主角小健也不喜歡學習。他突發奇想，訂製一個機器人「假裝是自己」，就可以做自己不想做的事。我問孩子們，如果有一個可以幫忙寫作業的複製人會怎麼樣。

「功課再難也還是要寫，就算再討厭也必須做完，所以一定會感到很痛苦。但如果有一個可以代替自己學習、寫作業的複製人，就可以大玩特玩，這樣好嗎？」

我預期孩子們聽了會很興奮，但卻得到意外的答案。

善惠說：「如果由複製人代替學習，那我就無法感受學習後的成就感了。」

是啊，成就、滿足等感受只有辛苦過後的人才能獲得。於是我又問：「在寫作業時，遇到困難、想放棄的時候，該怎麼辦呢？」

智晟說：「就把解題當成爬樓梯一樣，自己一步一步往上爬。」智晟邊說邊用手比畫，接著又說：「而且複製人在學習過程中可能會越來越聰明，我就會越來越笨。所以學習是必須要有的經驗。」

因為要與難題對抗，所以學習可以讓人變聰明。恩秀也同意善惠和智晟的話。

「就算可以讓複製人代替我學習，但最後的責任還是得自己承擔。複製人在學習的過程中漸漸變聰明，而我就只能在原地踏步。」

雖然很累、很辛苦，但是花時間學習所感受到的滿足、感覺自己比之前更聰明了一點……這些都是學習時，能親身感受到的快樂。孩子們一致認為，即使有了複製人，也不會放棄學習。

孔子傳授的學習方法

想累積知識又能感受成就感，就必須學習，但怎樣才能學得好呢？這個問題，恐怕沒有人比孔子更適合回答了。

孔子生於公元前五五一年，是中國春秋戰國時期著名的哲學家。《論語》一書，記載了孔子生前與眾弟子們的對話。

孔子畢生都很熱中學習。有一天，葉公問子路，孔子是怎麼樣的人？要用一句話來形容孔子很難，所以子路吞吞吐吐地答不出來，於是孔子乾脆來個自我介紹。

「你怎麼不這樣回答？『老師的為人，一發憤振作起來，即使飢餓也會忘了吃飯；一快樂起來，就忘記憂愁；甚至不知道自己已年老力衰，如此而已。』」

孔子是個喜歡學習的人，一旦投入其中，就會不知道時間是怎麼過去的，連生活的煩惱都忘了。既然孔子這麼喜歡學習，應該知道怎樣才能學得更好。

但是首先要了解一下，春秋戰國時期的學習內容與現代一樣嗎？孔子所說的學習有特定的科目，稱為「六藝」，這六藝是禮、樂、射、御、書、數。

其實從六藝的內容可以看出，孔子時代的學習與現代相去不遠。雖然內容不盡相同，但整個學習有緊密的體系，且重視實踐，這個部分古今皆同。

既然孔子時代和現代學習的追求方向一致，那應該可以問問孔子是怎麼做才能學得好。

他首先強調，要學得好，需要具備三種態度。第一是**「誠懇的態度」**，即每天都不放棄地認真學習——這很有難度。當孔子聽到弟子冉求表示自己的學習力量不足時，這樣回答：「所謂力量不足，是做到一半無法再繼續，但你卻是認為自己已經沒有力量了而停止，這叫畫地自限。」也就是說，並不是因為做了才覺得力氣不夠，而是覺得自己做不到而放棄。即使有想放棄的時候，也不願放棄的人，才能好好學習。

第二是**「自己的態度」**，如果本身沒有學習的意志，那什麼都學不了。

<table>
<tr><th>六藝</th><th>內容</th><th>價值</th></tr>
<tr><td>禮</td><td>學習禮儀禮節、祭祀</td><td rowspan="2">情緒涵養</td></tr>
<tr><td>樂</td><td>唱歌、跳舞、演奏樂器</td></tr>
<tr><td>射</td><td>射箭</td><td rowspan="2">軍事訓練</td></tr>
<tr><td>御</td><td>騎馬</td></tr>
<tr><td>書</td><td>讀書、寫作</td><td rowspan="2">增進知識</td></tr>
<tr><td>數</td><td>計數、測量和天文</td></tr>
</table>

孔子強調的六種教育科目

「聰明的人，仍要認真好學，虛心學習、不恥下問。」如果自己不想學習，就算老師是孔子，也教不了什麼。這是迫切想知道一件事該怎麼做而努力表現的階段，也是學習時會覺得困難的地方——因為無法理解而鬱悶到想抓頭髮、因為不知道如何解釋自己所理解的內容而難受。儘管如此，若不放棄並繼續學習，一定會達到快樂學習的階段。

第三是**「樂在學習的態度」**。就像孔子一樣，會因為學習連吃飯都忘了。在《論語》第一篇的第一句就是「學而時習之，不亦說乎」，正是把因學習而快樂的態度描寫得淋漓盡致。

「一個人學了知識後，經常複習或者使用，不是一件值得喜悅的事嗎？」

在這裡的「不亦說（悅）乎」，是指學到新知而感受到的內在滿足感，也可以說是善惠講的成就感。我經常在解開數學難題的孩子身上發現這種成就感，或是原本因為解不了題而焦躁的孩子，在終於解開之後的快感。

從孩子忍不住鼓掌歡呼的表情中就能感受到「悅」，因為有這樣的喜悅，才能繼續挑戰困難、不輕言放棄。

聽見其他狗叫就跟著叫的狗

透過孔子所說的三種學習態度，我了解到沒有可以一次就成功的學習祕訣，雖然速度不快，但扎扎實實、能親自感受到喜悅的學習，才是最好的方法。

不過孔子所說的三種態度看似容易，實踐起來卻一點也不容易，對明朝哲學家李贄來說也一樣。他原本只是位職等卑下的小官員，在五十四歲時卸下官職並開始學習，留下包括《焚書》和《續焚書》等著作。他說，學習前的自己就像一隻狗，「發現前面的狗因為看到黑影開始吠叫，我也會跟著叫，但當人們問為什麼要叫，我卻笑而不答。」開始懂得學習後的他，在理解孔子思想後，才停止隨聲附和，成為一名成熟的人。

十一歲的尚勳在比李贄更小的年紀就領悟到學習的樂趣。

我每天中午都會邀請班上一位同學一同吃午飯，這天輪到尚勳，我問他有沒有煩惱，他帶著苦惱的表情這麼說。

「媽媽一直逼我拚命算數學，她都不知道我有多痛苦。」

「拚命？是多拚命啊？」

「我每天都要去數學補習班待到晚上九點，或是快十點才回家。」

「哇，那真的很晚。」

「如果那天的數學題沒有解完，就不能回家。」

「看來題目很難啊。」

「其實也沒有那麼難，可是因為我很不想寫，所以就一直拖，拖到很晚才開始動工。」

尚勳並不是因為解不開數學題，或是太沉迷於數學以至於忘了做其他事而煩惱，最大的原因是他不喜歡、不想做，所以一再拖延，直到時間很晚了才勉強去做，弄得每天都很晚才回到家。

我問尚勳：「你有沒有跟媽媽說過？」

「我有說過，可是媽媽說這一切都是為我好，我也不能再說什麼。」

還好我讓尚勳了解自己的需求、了解要能從中得到快樂才是真正的學習，如此一來，才有毅力每天持續認真地做。我決定從尚勳喜歡的事物下手。

「數學讓你覺得痛苦，那試試其他的。你想做什麼？」

「嗯……我要想一想。」

「回家跟媽媽溝通一下，告訴她你每天去補習班很累，還有說明你想做什麼。」

其實我知道尚勳喜歡什麼，他非常喜歡歷史，對歷史年表可以如數家珍般背誦。在我和同學們一起共同製作的刊物《魷魚五花肉》中還發表過「如果在史前時代，人類住的山洞失火了會怎麼樣？」這樣的文章。尚勳很容易就沉浸在歷史裡。

過幾天尚勳來找我說：「老師！我決定要挑戰韓國史！」

「哇！太好了！」

「我和媽媽好好溝通後，決定不要補數學，同時我也答應她我會努力學歷史。」

「你要怎麼學呢？」

「把每天學到的內容都整理成一頁筆記。」

消除苦惱的尚勳肩上彷彿出現了一道彩虹。一聽到數學就想逃跑的他，選擇要好好學歷史；離開數學補習班，選擇讓他感到愉快的學習項目，而非去遊樂場玩耍。

正是因為學習喜歡的事物是有趣且有成就感的事，所以就算有複製人可以代替學習，也不會想放棄。

發現新想法的哲學旅行地圖

一，學習站遇到的概念：

☑念書 ☑學習 ☑喜悅、快樂的態度

二，爲父母準備的嚮導提問：

面對只要講到學習就煩躁的孩子，必然會有很多衝突。這種時候先暫時放下急躁的情緒，一起思考學習是什麼。

☑如果有複製人可以代替人類學習，會怎麼樣呢？

三，在學習站進行的哲學對話：

● 學習是什麼？

學習就是要讀國文、數學、社會、科學、英文等科目的教科書，理解和背誦其中的內容，還要解開書上的問題，確認自己充分理解內容。學得好，將來就有機會考上理想大學。

●學習和念書有什麼不同？

學習是從我們出生到死亡都一直持續，永無止境。包括游泳的方法、騎自行車的方法、外語、傾聽別人說話的方法、說出自己想法的方法等。用心學習，就能獲得生活的智慧。

●那我們爲什麼要念書？

念書不是爲了「未來的我」而犧牲現在，而是爲了「現在的我」、爲了體驗不放棄、解決難題時感受到的興奮和成就感。

●如何才能學得好？

「誠懇」「自動自發」「快樂」就可以了。在這裡所說的快樂就是當原本不懂的事成爲自己的知識時，會感到很滿足、很有成就感。

●如果還找不到能快樂學習的事物，該怎麼辦？

要找到自己喜歡的事物也需要毅力。如果現在覺得好像沒有什麼特別感興趣的事，那就回想一下過去學習什麼的時候感覺最有趣，再想想爲什麼。

第三站　自由：

「當朋友反對我的意見時，會覺得不開心。」

與孩子們共同運作的哲學社團中，我們會討論各式各樣的主題。

我們在社團教室前張貼了孩子們寫的詩，詩的主題也就是社團的名稱「大燒包」。

大燒包

大燒包滾來滾去／
想法也滾來滾去／
一下子就陷進書裡了

大燒包社團藉由閱讀，讓想法變得越來越大，就像顆胖乎乎的包子。在社團裡，每個人都可以自由地談論自己的想法，在上了三個月的哲學課後的某一天，我問孩子們上課以來的感受，善惠首先回答。

「以前如果有人反對我的意見，我會不高興，但**現在我知道有人反對是很理所當然的事。**」

聽了善惠的話，我不由自主地露出笑容，因為說出這個想法的善惠看起來相當耀眼。

上課時，即使其他同學提出不同意見，善惠也能冷靜地聽完，再發表自己的看法，要熟悉這個過程其實很困難，因為一般人對於自己的主張遭到反駁時，通常會感到煩躁，覺得下不了臺、不愉快。

被蘇格拉底反駁的米諾也是如此，米諾甚至給蘇格拉底起了個綽號叫「電魟」。在古希臘，有德且卓越之人才能夠從政，當時年僅十九歲、富有又英俊的米諾有志成為政治家，所以他問六十七歲的蘇格拉底：「卓越學得來嗎？」這道問題對米諾來說非常重要。

蘇格拉底反問米諾什麼是卓越？他自信滿滿地說出卓越的特性，但最後卻發現自己一點都不了解卓越。

被自己的無知所震驚的米諾說：「從外表或其他方面來看，蘇格拉底都與生活在海底的電魟非常類似。」意指蘇格拉底把米諾的靈魂和嘴都電得麻麻、呆呆的，讓他不知道該怎麼回答。

回到哲學社團，當自己的主張被社團夥伴們反駁，善惠一定也會覺得不高興，但為什麼還是要進行互相反駁的對話呢？難道就不能只進行沒有衝突、心平氣和的舒適對話嗎？為什麼不能只跟有同樣想法的人在一起？這不就是人類可以享受的自由嗎？

被演算法過濾的訊息泡泡包圍

現代社會人們生活在只聽自己想聽的「過濾泡泡」中，所以已經擁有不被電魟攻擊的技術。

什麼是過濾泡泡？它是由美國網路民運組織MoveOn.org前執行長，伊萊·帕理澤在《搜尋引擎沒告訴你的事》一書中首次提出的概念。

帕理澤具有較革新的政治傾向，某天他打開臉書時，發現那些保守主義者的貼文都消失了。這就是臉書的演算法，一再顯示與帕理澤曾按讚的貼文相似的內容、隱藏他不喜歡的內容。不僅臉書，其他像是入口網站谷歌、Naver、Daum、YouTube、Instagram等，也都以演算法技術為基礎，為大眾提供內容。演算法會反映出用戶的性別、年齡、關注點，自動推薦適合用戶的訊息，所以我們的生活被自己喜歡的訊息包圍著。

不會受到如電魟的「攻擊」，在過濾泡泡中，被與自己類似的想法包圍著，這樣不是很好嗎？不是那樣的。過濾泡泡具有致命的缺陷。

二〇二一年，過濾泡泡一詞出現的十年後。曾在臉書擔任產品經理的弗朗西絲・霍根，在美國參議院消費者保護委員會的聽證會上指控臉書利用演算法，為社會帶來不良影響。

臉書則將內部研究結果做為證據提交出去，但根據研究結果顯示，若接觸到偏向某一方的新聞，會助長社會矛盾和分裂。臉書明知基於演算法提供的新聞會引發社會問題，卻仍繼續使用。

必須傾聽與自己不同想法的理由

「只聽和我一樣的意見」這件事，為什麼會成為問題呢？哲學家約翰・斯圖爾特・彌爾可以說明。

彌爾於一八〇六出生於英國倫敦，他的父親是位哲學家，因此親自教導兒子。當時著名的功利主義哲學家，同時也是法學家邊沁是彌爾父親的朋友，因此也深深影響著彌爾。彌爾從三歲起就開始學習拉丁文和希臘文，十二歲開始涉獵代數、幾何以及英國歷史。

彌爾的代表著作《論自由》，是獻給他的妻子哈麗雅特·泰勒的書。彌爾說，他那些被世人認為出色的作品，靈感都是來自妻子，泰勒的前衛思想和高尚情操對彌爾影響甚鉅。他們雖然是夫妻，但性格卻大不同。

彌爾在二十三歲第一次見到泰勒，當時她已經有丈夫和孩子。但兩人仍交往了近二十年，常常以書信往來。當泰勒的丈夫去世後，兩人結婚了，在當時受到周遭強烈的質疑、批評和壓迫，然而彌爾仍無所畏懼，堅信自由地思考和表達非常重要。

彌爾認為，「壓制某種想法，不只是對當代人，也等於是對未來的人類進行搶劫。」**壓制任何一種想法並強迫人們接受，會失去了解正確意見的機會**，很多事要隨著時間的流逝，才會明白什麼是對的，就如同事實證明，壓迫黑人的奴隸制度是個錯誤。

他表示，「即使反對我的主張、認為我是錯的，也要好好傾聽。」因為經過彼此提出主張、反駁、批判的過程，才可以理解為什麼是錯的；如果身邊的人都不提出反對意見，就無法了解自己的意見是不是對的。若經過徹底的批判過程，原本的想法仍未被推翻，那麼就能按照原意做出行動。

在哲學社團的課堂上，我們談論自由與控制。宇彬主張「不想考試就不用考試」，遭到其他同學嚴厲的反駁。

智厚說：「控制是來自別人的指使，自由是透過自己尋得的。」宇彬聽了之後說：「所以我有拒絕考試的自由。如果不能拒絕考試，就是侵犯了我的自由權。」宇彬表示，考試制度是典型的「控制」，而他有拒絕考試的「自由」。

孩子們立即站出來反駁，恩秀先發言：「宇彬只主張自由權，但沒考慮到接受教育是義務，所以我們必須學習這個層面。」恩秀表示考試是學習的必要程序，如果遵循受教育的義務，就不得拒絕考試。

小俊也反駁宇彬的意見：「沒錯，自由是伴隨著義務和責任。」他強調，雖然有不想考試的自由，但也有學習的責任；即使不想透過考試來學習，但因為是義務，所以必須去做，這就是「學生的責任」。

孩子們經由討論「不考試的自由」，進一步確信了自己的主張。

批評和指責有什麼不同？

越來越多孩子發言反駁宇彬的想法，漸漸偏離了方向。

智厚說：「我們現在還小，沒有大人就活不下去。大人如果不行使控制權，那我們長大後很可能會變成奇怪的人。要是一味主張自由，那未來社會會變得怎麼樣呢？如果現在不學習，我們就會找不到工作，沒有人工作的公司賺不到錢，最後國家也會沒錢。」

智厚認為不考試代表大人的控制權消失，還提到如果不考試會衍生出什麼情況。我很想問問智厚什麼是「奇怪的人」，學習的理由真的只是為了找工作嗎？但還沒開口，其他孩子就爭相發言，恩秀此時突然下了一個出乎意料的結論：「所以結論就是，像宇彬這樣的人越多，這世界就會越走向滅亡之路。」

哎呀，恩秀越線了。我正想提醒恩秀時，宇彬就已經站了起來，臉紅脖子粗地說：「妳沒有權利這樣批評我的想法！」

宇彬為了對抗恩秀的反駁，所以特別強調他人沒有權利用這種方式批評自己。不過，恩秀的話真的是一種批評嗎？我認為不是，而是接近**「指責」**，於是我提出疑問。

「我們有指責別人的自由嗎？」

宇彬首先發聲：「沒有！這是言語暴力！這段話傳到網路上就是網路暴力，大家一起說的話就是集體霸凌！」

沒錯，恩秀的話確實是言語暴力，其他孩子也支持宇彬的主張：「我們雖然有批評的自由，但也有相應的責任。」孩子們套用小俊說的「自由總是伴隨著責任」，不過他們仍然把批評和指責混為一談。

智惠說：「雖然有批評的自由，但同時也是侵害他人的權利，所以必須受到限制。」智惠同樣也把批評和指責混在一起。

一直靜靜聽著大家說話的小俊這時開口：「我有批評的自由，但沒有指責別人的自由。**批評是有邏輯地說出自己的想法**，但**指責是單方面主觀認定了對方不對。**」小俊等於是將大家的對話內容做了一個總整理，恩秀聽了之後，承認自己說的應該是指責，而非批評。

孩子們會把批評和指責混淆是有原因的，關於「不考試的自由」的對話雖然以批評開始，但隨著批評的聲勢擴大，就逐漸轉向指責。因此，孩子們才會順勢認為，批評是侵害他人權利的不良行為。

哲學家彌爾對少數意見受到的指責感到擔憂，「毒舌、冷嘲熱諷、人身攻擊」是進行討論時，經常發生的言語暴力，也是多數人經常使用的方式。此時，持有與一般觀念相反意見的人，就會被認為是「邪惡、不道德」，因此，彌爾非常重視對話時必須遵守的道德記律。

可以冷靜聽取那些即使與你持相反意見，但也不會過度誇張地批評你的人的真正想法，因為這些人認為**「無論對方是誰、無論他有什麼想法，都值得尊敬」**。

前面提到當自己的意見被反駁時，能夠坦然接受的善惠看起來很耀眼，也是基於這個理由。因為不管再怎麼不高興，都要冷靜地傾聽對方的想法；不會去誇大對對方不利的事情，也不會因為對方比較占優勢就忽略某項根據，這樣的態度，並不是一朝一夕就能輕易養成的。

用我的選擇，將碎片一針一線地拼成一塊布

只要習慣「不指責」的態度，孩子就可以修改錯誤的想法，並確信正確的主張，進而選擇自己的道路。

人生會面臨無數個需要做選擇的十字路口，「確信」的信念對我們來說，有很大的幫助。小俊繼續進行關於自由的討論時這樣說：「人生就是ＢＣＤ，是誕生（Birth）與死亡（Death）之間的選擇（Choice）。誕生、死亡和選擇是人生最重要的三個瞬間。」

孩子的一天也會面臨無數個選擇：如果被朋友取笑，要告訴對方不要再說了，還是狠狠地朝他後背一拍呢？當朋友說「對不起」，要不要原諒他呢？因為討厭寫功課，要直接躺在沙發上滑手機，還是認命地坐在書桌前寫習題呢？

隨著孩子的成長，根據他們做出的選擇，人生會發生不同的變化。理科、文科、藝術、體育……到底該選擇哪條道路呢？未來要選擇什麼職業？就算長大成人之後，也常常需要做出會對社會造成影響的重要決定，例如選總統。

如果不想在將來回顧走過的路時感到後悔，就要審慎地思考，做出最好的

選擇。

要做出良好的選擇，就不能只聽自己想聽的意見，也要傾聽批評。如果認為自己的想法是對的，就要明明白白地揭示個人主張；如果坦承想法有誤，就找出錯誤並進行修改。

我們不能一味地堅持己見，必須與別人交換各式各樣的想法，就像把各種大小不一的碎片拼接起來，縫成一塊有漂亮花色的拼布一樣。

在進行哲學對話時，也會出現批評、必須放棄一部分想法的瞬間，甚至還有可能會遺忘自己原本的想法是什麼。

儘管如此，如果想過由自己審慎選擇的生活，就必須承受他人反駁自己的想法時帶來的痛苦。若能忍受這種痛苦，在回顧人生選擇的時候，比起後悔，會發現更多張由五顏六色碎布相互織成的美麗拼布。

發現新想法的哲學旅行地圖

一，在自由車站遇到的哲學概念：

☑自由 ☑批評 ☑指責

二，爲父母準備的嚮導提問：

爲了幫助孩子能夠自由發表自己的意見，先思考爲什麼互相交換不同意見很重要。

☑如果只堅持自己的想法生活，會發生什麼事情呢？

三，自由站的哲學對話：

● 什麼是自由？

自由是可以表達自己的信念和想法。每個人都能自由表達自己的想法，當然也會遇到不同意見，這時需要的態度不是指責，而是批評。

●批評是必要的嗎？

批評是以對方的意見爲依據進行反駁，但不是爲了攻擊對方，而是爲了更好地理解那個想法而進行提問。透過批評的過程，如果我的想法是錯的，我可以修改；如果我的想法是對的，就可以確信。所以批評是必須的。

●指責和批評有什麼不同？

指責是沒有合理的根據，單方面反對不同的意見。像毒舌、冷嘲熱諷、人身攻擊，這些都是言語暴力。被指責的人會感到不高興，有被攻擊的感覺。

●如果朋友反對我的意見，因此而不開心時，該怎麼辦？

如果朋友是指責，可以告訴他停止指責；如果朋友提出正當的理由批評，請先傾聽朋友的看法，重新檢查自己的主張。

第二章

產生矛盾時，停下來想一想

第四站　侮辱：

「朋友取笑我時，該如何保護自己？」

「來來來！歡迎讀者將煩惱寫在明信片上，我們收到之後會回覆哦！」午休時間，學生們吃完午餐都忙著飛奔去操場玩，但五年三班的同學卻聚集在圖書館前。一名二年級的學弟走過來，尚勳遞出《五三烤肉》雜誌，親切地說：「可以看看這個，這是我們每個月製作的雜誌。」

不知不覺，《五三烤肉》雜誌一本一本地傳遞到孩子們手中，偶爾也會看到有些孩子俯身在桌子上寫讀者明信片。

午休時間過後，《五三烤肉》讀者寄來的匿名明信片堆成一座小山。哲學社團的孩子們會仔細讀完讀者來函，然後用心回答，並刊登在下一期的「五三諮詢室」單元中。

在讀者寄來的煩惱中，有不少孩子遭遇被朋友嘲笑的狀況，而紛紛請求幫助。下面是A同學寄來的內容。

「朋友們都嘲笑我個子矮，給我取什麼矮冬瓜、小小兵、哈比人之類的綽號……雖然我請他們不要這樣，但他們都不聽，還是一直嘲笑我，我不知道該怎麼辦。」

因為身高無法靠自己的意志自由改變，所以那些嘲笑別人個子矮的人實在是太卑鄙了。

負責「五三諮詢室」單元的一名孩子說：「可以多喝牛奶、吃小魚乾等鈣含量高的食物。」不過，無論吃多少高鈣食品，也不可能在一夕之間長高。

A同學為了尋找保護自己的方法，迫切需要其他孩子的智慧。我想先聽聽哲學社團的孩子有什麼感受。

「我覺得很生氣，感覺怒氣都要衝破腦袋了。」

「感覺很孤獨。」

「心裡覺得很憂鬱。」

「很想報復。」

孩子們都憤憤不平地回答。被朋友嘲笑時，不只會傷心，還會產生像火山爆發的怒氣，在心中不斷燃燒。

當許多人一起嘲笑自己時，會感到很孤獨；一直被嘲笑，卻無力改變，心情就會越來越憂鬱，甚至還會想報復那些訕笑的人。

這類情事其實經常發生，要如何在被嘲笑的情況下保護自己呢？

被朋友取笑時，我可以動手打人嗎？

如果被取笑，還被取了難聽的綽號時，該怎麼辦？

一個孩子回答：「馬上跟朋友說不要這樣。」向取笑我的朋友提出抗議是必要的舉措，這麼做是向朋友表達自己的主張，也是自我保護的方法之一。但通常對方並不會因而停止，可能還會變本加厲。在讀者來函中的B同學就是遇到這樣的困擾，後來他自己找到應對的方法。

「因爲我長得比較高大，朋友都取笑我是『進擊的巨人』。雖然我請他們不要這樣叫我，但他們越叫越過分，於是我忍不住就動手打了那些人，他們就不敢了。所以後來如果有人取笑我，我就會打他們。」

B同學被朋友們取笑，剛開始會提出抗議，但朋友們並未停止，直到B同學動手打朋友，就不再被取笑了。聽完B的故事，我問哲學社團的孩子們：

「被朋友取笑，可以動手打人嗎？」

「不行，因為暴力是不對的。」孩子們斬釘截鐵地說不行，於是我又問：

「為什麼不能使用暴力？因為朋友都講不聽啊，所以打他們不行嗎？」

「不行！那樣就會成為加害者。很可能會被討厭，或是遭到報復。」

「可能會被抓去警察局！」

孩子們爭先恐後地說動手打人是不好的行為，會對自己造成不利的後果。

在B同學的狀況中，雖然因為動手打了朋友就不再被嘲笑，但也可能會因此出現其他問題。既然不能使用暴力，那還有什麼方法呢？我想聽聽孩子們的意見。

「如果因為被嘲笑而感到生氣，但是又不能打朋友，該怎麼辦才好呢？」

「向老師請求幫助。」

沒錯！向老師請求幫助是很好的方法，一個人解決不了的時候，一定要請大人幫忙。不過，如果向大人尋求幫助，有些孩子就會認為那是「告狀」，而大人雖然希望被罵的孩子能自行悔悟，同時卻又擔心孩子會認為「都是因為某某某去告狀，所以我才被罵」。況且，孩子身邊也並非隨時都有大人在側，例如放學回家的路上、公園遊樂場、學校運動場……孩子有可能在沒有大人的地方被嘲笑，所以，在沒有大人可以求助的地方被取笑時，該怎麼辦呢？

孩子們紛紛嘆了口氣。每當他們提出看法時，我總是會再提出反駁。

「現在我的腦袋好像在冒煙。」

孩子揪著頭髮說，但依然沒有停止思考。

「沒錯，如果遇到和我不同的想法就會頭痛、煩躁。如果你只想著自己，就只會被束縛在自己的想法裡，會越來越難受。我們試試看別的想法，再找找看會有什麼新發現。好，我再問一次『當老師或父母不在時，遭到其他朋友取笑時，該怎麼辦呢？』」

「可以等父母和老師來了再跟他們說。」

「這是個好辦法，等大人來了之後再告訴他們發生什麼事，並請求協助。不過在大人還沒來之前，就被朋友嘲笑了，該怎麼做？」

「離開！」

像孩子們說的一樣，被朋友取笑、覺得不開心時，就離開現場會怎麼樣呢？在凱倫．柏奈特的繪本《賽門的鉤子：一則關於戲弄和貶低的故事》中，蘿絲奶奶發現了被朋友們嘲笑後，哭著跑回家的賽門，隨即告訴他一則關於釣魚池的故事。

有座釣魚池很有名——因為很容易釣到魚，所以許多釣客蜂擁而至，蘿絲奶奶對賽門說：「那些嘲笑你的人就像釣客，為了讓魚上鉤而拋出誘餌，如果你咬住了，就會被他們釣走。所以不要去咬拋出來的餌，應該想其他辦法。」

取笑他人的人想要的是什麼？

蘿絲奶奶的話與哲學家J．L．奥斯汀的研究相吻合。奥斯汀是一位語言哲學家，他研究日常語言，把某些話定義為一種**行爲**。再根據該行為，將發生的事分為**言語行爲、發話行爲、語導行爲**三種不同的模式。

言語行為指的是說話本身，例如「你的個子怎麼這麼矮？根本就是矮冬瓜！」「你好像進擊的巨人喔，大家快逃啊！」等取笑的話；發話行為是指話語中包含的意圖，像「矮冬瓜」或「進擊的巨人」是對他人的身體特徵進行負面評價，具有貶低和嘲笑的意圖；語導行為則是指透過該話語產生的後果，也就是說，取笑別人的孩子想看到被取笑的人心情不好、生氣、暴哭等痛苦的樣子，當詢問他們為什麼要嘲笑朋友時，回答往往都是「好玩啊」。

面對這種人，應該如何應對呢？首先，不要照著對方的意圖做反應，否則就是中了他的計。就像蘿絲奶奶說的，不要去咬誘餌，就不會被拉走。「五三

言語行為	「你的個子怎麼這麼矮？根本就是矮冬瓜！」 「你好像進擊的巨人喔，大家快逃啊！」
發話行為	否定評價、貶低、戲弄身體特徵
語導行為	讓對方心情不好、生氣、難過、意志消沉的反應

言語中的三種行為

諮詢室」推薦了一個方法給因為被嘲笑而深受困擾的B同學。

「B同學因爲被朋友們取笑，所以很傷心吧？但如果你隨對方起舞，他們反而會覺得很有意思，會再次嘲笑你。建議你不要理他們，才是最好的解決辦法。」

如果不做任何反應，那麼取笑者就無法得到想要的結果，就像釣客在拋出釣竿後，也釣不到任何魚，只能空手而回。

被嘲笑時的三種應對方法

就算做到「對別人的嘲笑不做出回應」，但是心裡還是感到憤怒、憂鬱、孤獨，該怎麼辦呢？這時就需要反擊。

美國公民自由運動家納迪娜．斯特羅森提出反駁言論的重要性。反駁言論是指「所有與不同意的訊息相抗衡的表述」。斯特羅森引用美國政治家兼社會運動家愛蓮娜．羅斯福的話來說明：「沒有你的允許，誰也不能傷害你。」如果對方想用言語攻擊你，而你對他的話有「不屈服的力量」時，就比較能從侮辱性言語中守護自己。這種力量可以培養成回應、模仿、推翻對方的表現。

那麼，有什麼具體方式可以對抗嘲笑自己的人呢？孩子們討論出三種方法。

第一是**「幽默」**。把嘲笑的話當成是笑話。C同學因為「被朋友們嘲笑是原味綠巨人」而請求幫助，哲學社團的孩子用以下的幽默方式回應。

「C同學，如果你的朋友再取笑你，就說『我才不是原味綠巨人，我可是有調味過的綠巨人！原味和有調味過的層次不一樣！』他們肯定什麼話也說不出來了。」（副作用：也可能會拿有調味過的綠巨人來開玩笑。）

想出這個方法的孩子，平常很喜歡吃炸雞，所以從原味綠巨人聯想到原味炸雞，而有了這樣的想法。其實重點是，只要未表現出被嘲笑打擊到的樣子，對方就會不知所措，因為這等於是讓對方了解到「我嘲笑別人的話，一點作用也起不了」。

不過幽默是需要極高的臨場反應和膽識，不僅對朋友的嘲弄要一笑置之，還要搞笑反擊，是有些難度的，不過，第二個方法比較簡單一點：**「回擊」**。

D被朋友們嘲笑說像頭豬，於是前來請求幫助，一個孩子這樣回答。

「可以對戲弄D的人說：『說別人是豬的人才是豬……我不是豬，所以你也不用自我介紹了。』」

用「你也不用自我介紹了」這種一針見血的方式，把被戲弄的話原封不動地還給對方，就像韓國的一句成語「佛眼豚目」一樣，意思是在豬的眼裡看到的都是豬，佛的眼裡看到的都是佛。這則成語源於朝鮮建國時期，太祖李成桂和無學大師之間的對話。當時甫建國不久，一切還在求穩定中，太祖對無學大師開了個玩笑。

「大師，您今天看起來特別像頭豬。」

但無學大師只是微微一笑，什麼也沒說。太祖問為什麼用笑應對，無學大師這才回答：「用佛祖的眼睛看都是佛，用豬的眼睛看都是豬。」按照這個邏輯，戲弄無學大師的太祖也是豬——這正好可以套用在D的情況。

還有其他孩子也提出建議。

「D同學，朋友取笑你是豬，那你就對他說：『你不是野豬嗎？』」

受到別人戲弄時，不慌不忙地予以正面回擊，對方就無法達到目的，還會被反將一軍。不過回擊的程度通常要比對方再強一點——實際上還是有點難。接下來就告訴大家一個最簡單、可以直接使用的魔法咒語。

第三種方法就是告訴對方**「不管你怎麼想，我都不感興趣」**。這是哲學家史考特·赫修維茲告訴兒子的方法。這句話傳達了「你對我來說，一點也不重要，所以我不在乎你所說的話」這類的訊息，不管對方是不是在取笑自己，都不會對他造成任何打擊。

我把這句話告訴孩子們，一起尋找可以實際使用的表達方式。鴻宇把這句話修改成更簡短有力的**「聽不到！」**，邊說邊做出悠閒掏耳朵的動作，等於是用微不足道的語氣和態度對取笑者說：「你說什麼我都聽不到。」——我們沒有必要聽別人惡意貶低的話語。

喜歡嘲笑別人的孩子，就像在擂臺向對手叫囂的格鬥選手。用「矮冬瓜」「進擊的巨人」「豬」等詞語，對獨自站在擂臺上的孩子進行攻擊，就像裁判還沒宣布比賽開始就先發制人，是一種卑鄙的行為。

如果這種事情持續發生，而且越來越嚴重時，被戲弄的孩子就算進行反擊，可能也無法解決，這種時候就必須請大人介入。

只要不是過於嚴重的狀況，在日常生活中如果遭遇別人的嘲弄，不妨試著深吸一口氣、腹肌用力，用嚴肅的眼神直視對方，以「我不是你可以隨便取笑的對象，所以不要對我說出無聊的話」這樣堅定的態度予以回擊。

發現新想法的哲學旅行地圖

一，在侮辱站遇到的哲學概念：

☑戲弄　☑發語行爲　☑反駁言論

二，爲父母準備的嚮導提問：

如果孩子被朋友取笑，父母會難過，就像父母遭受別人不好的對待，孩子知道了也會傷心。所以和孩子一起先靜下心來，想想如何回擊對方吧。

☑你會經因爲被取笑而傷心難過嗎？

☑可以講什麼話反擊呢？

三，在侮辱站進行的哲學對話：

● **嘲笑是什麼？**

嘲笑是用對方不喜歡聽到的話侮辱對方，被嘲笑的人會生氣、孤獨、憂鬱，甚至想報復。

●爲什麼會嘲笑我？

對方就是想看我被嘲笑後的反應，希望看到我不高興、生氣、傷心難過、灰心喪志。

●被嘲笑的時候該怎麼辦？

可以用一些話語來反擊。比起無視，若能表現出不會屈服於對方話語的抵抗能力，也就是反駁言論，會比較容易從被嘲笑的傷痛中恢復。也可以用幽默的方式反擊，或告訴對方「不管你怎麼想，我都不感興趣」。

友情　道歉　**勇氣**　侮辱

第五站　勇氣：

「當朋友被欺負時，我該怎麼做？」

「老師，教室跟叢林一樣。」

「叢林？」

「是啊，一旦看到別人的弱點就會撲上去。」

十二歲的娜梨這樣對我說。

對她來說，教室裡充滿著猛獸，只要出現失誤或表現不好，就會被埋伏許久的野獸勒緊喉嚨。

我想起娜梨平常在教室裡幾乎都不說話，因為不知道會在什麼時候遭受攻擊，她總是蜷縮起身子，試圖保護自己，但仍受到攻擊了——某個星期五晚上，娜梨媽媽打電話來，用顫抖的聲音說同班的英敏在公園玩時，把娜梨摔在地上。

英敏身高已經一七〇公分了，手跟成

年人一樣大。一想到英敏用那雙手把娜梨摔在地上，我的心就砰砰地跳，心想星期一到學校得找英敏來談談，要他保證不能再犯。

但是到了教室，情況卻出乎意料之外，英敏堅持沒有對娜梨動手。「我真的沒有！」英敏用冷冷的眼神看著我，彷彿會被那眼神割傷似的。娜梨生性膽小，不適合當面對質，於是我把英敏單獨帶到諮詢室，再把當時也在現場的智英找來了解狀況。

「智英，星期五下午在公園發生了什麼事？」

智英算是娜梨最好的朋友，希望她可以告訴我當時的狀況，但等了很久，智英似乎在逃避英敏的眼神，怯生生地說：「我記不太清楚了。」

不過才三天前發生的事，怎麼可能忘了呢？最終我還是把娜梨找來，讓她和英敏面對面坐著。娜梨比我想像中還要勇敢，她直視著英敏說：「我不想給你餅乾，結果你把餅乾搶走，吃了一口說不好吃，還打我的頭。」這時英敏才低下頭。我要他跟娜梨說對不起，並寫完悔過書之後才能回教室。

但是英敏一進教室，他的好朋友就大聲說：「老師，您為什麼只處罰英敏？英敏只是輕輕推娜梨一下而已，是她沒站穩才摔倒的。」

尖銳的聲音穿過教室插在我的胸口上，同時，所有孩子的眼睛都像箭一樣射向我。在冰冷的空氣中，我還來不及平復自己的情緒，只能在孩子的眼神和話語中先保護娜梨。

「打人是一種暴力行為，試圖隱瞞事實也是不正確的事！」我提高音量，聲音在教室裡擴散開來。孩子們不理會受傷的人，選擇站在強者這一邊，為什麼呢？孩子們為什麼都站在英敏這邊？智英為什麼對好友的痛苦視而不見呢？這時我才真正理解娜梨所說的「教室是叢林」這句話。

如果說叢林食物鏈的頂端是獅子，那麼教室食物鏈的頂端就是英敏，孩子們都看著占據金字塔頂端的英敏臉色行事。

那些看他臉色的孩子們，帶著害怕的表情在我身邊轉來轉去。我想幫助他們找回自己的聲音，也想告訴他們：「你們有權利說出自己看到和感受到的。」所以我開始思考、提問、研究如何解除教室裡的暴力結構，然後找到了兩把鑰匙。

阻止暴力是實踐人性的勇氣

有什麼辦法可以切斷這條堅硬的食物鏈？讓哲學家伯特蘭・羅素告訴我們如何對抗暴力。

羅素於一八七二年出生於英國，兩歲時母親去世，四歲時父親去世，羅素由奶奶和爺爺扶養長大。雖然有照顧自己的家人，但羅素還是對人生感到很空虛，因而產生了自殺念頭。所幸後來在數學方面發現了熱情所在，展開求知的渴望，同時也開啟新的人生。

從一九〇〇年開始，連續十年，每年有八個月的時間，他每天工作十四個小時，最後終於出版了《數學原理》一書，開啟了數理哲學、符號邏輯學的領域。不僅如此，他還為語言哲學做出貢獻，更因此獲得諾貝爾文學獎。

羅素不僅感受到學問的熱情，更運用自己的名聲和智慧，為世界和平進行反戰運動。第一次世界大戰時，羅素因為反戰，被學校拒絕續聘，還被關進監獄，儘管如此，他仍持續反戰的信念。

一九四五年，美國在廣島引爆了原子彈，結束第二次世界大戰。但此後，美國仍然與蘇聯對立，隨時都有可能再發生戰爭。蘇聯掌握了核武技術後，氫彈開發競爭正式開始。從一九四六年到一九五八年，美國在夏威夷和菲律賓之間，以及比基尼環礁周圍的海洋和空中，總共進行了六十七次氫彈試驗，其威力比廣島核彈強八百倍，也導致比基尼島的水源和農產品都因輻射污染。

該如何讓美國停止這種具毀滅性的試爆？如果高聲要求美國停止，會不會招致危險？

羅素決定與當時十一位頂尖科學家聯合起來對抗美國。十一位科學家中有九位是已經獲得諾貝爾獎的著名學者，還有羅素的老朋友愛因斯坦。

愛因斯坦雖然發現開發核武的理論，但也因為比任何人都清楚核武的危險，因此極力反對開發核武。羅素與愛因斯坦決定聯合起來，向人類宣導核武的危險性，呼籲人類回歸人性與和平。

一九五五年七月九日，在英國倫敦的一場記者會上，羅素站在記者面前發表了《科學家要求廢止戰爭》宣言，又稱為《羅素－愛因斯坦宣言》。在宣言中表示「鑑於未來任何世界大戰必將使用核武器，而這種武器威脅著人類的繼續生存，我們敦促世界各國政府認識並且公開承認，它們的目的絕不能透過世界大戰來達到，因此，我們也敦促它們尋求和平的辦法，來解決一切爭端。」告訴各國現在正在開發的核子武器具有毀滅世界的危險性。

只要使用一次，人類就有可能全體滅亡。或許當下立即死亡的人不多，但大多數人會因輻射而飽受疾病之苦、慢慢死去。所以現在人類迫切需要的是**「新的思考方式」**。

「我們必須學習以新的方式思考。不要問採取什麼措施能讓我們喜歡的團體獲得軍事勝利，因爲不再有這樣的措施；我們必須問自己：可以採取什麼措施來防止一場對各方來說必定是災難性的軍事競賽？」

正如羅素所言，新的思考方式不是為了贏得戰爭，而是為了找到終止戰爭的方法。只要不再有戰爭，人類就不會互相殘殺。

「如果我們願意，就能在幸福、知識和智慧上不斷進步。我們需要因爲無法忘記彼此的爭吵而選擇死亡嗎？我們身爲人類，向人類發出呼籲：記住你的人性，忘記其他一切。」

羅素所說的人性，是停止暴力的第一把鑰匙。

人性是反對暴力的勇氣，而**勇氣不僅包括思考何謂正確的能力，還包括了選擇正確的行爲，並眞正付諸實踐。**

羅素沒有迴避戰爭的危險性，也並未假裝不知道，而是為了阻止危險，直接面對、尋找還可以做些什麼，並選擇在大眾面前演講——這就是勇氣。勇氣是可以拯救我們的力量。

發表宣言後過了三個星期，愛因斯坦就去世了。這算是愛因斯坦死前留給人類的最後一則訊息。《羅素—愛因斯坦宣言》引起大眾對美國開發核武的極度關注，不久後美國即停止在比基尼島的試爆。

以《羅素—愛因斯坦宣言》為契機，召開了帕格沃什科學和世界事務會議，大力呼籲廢除核武和反戰。人類選擇找回人性，而非第三次世界大戰，因此得以生存到現在。像這樣有勇氣的行動就可以阻止暴力。

三的法則，可以救人一命

停止暴力的第二把鑰匙是「三的法則」。三的法則是指三個個體聚在一起，所發出的聲量具有龐大力量。

有一項著名、簡單的實驗可以解釋三的法則。在首爾江南區中心的公車站，有一個人手指天空。路人經過只是瞄一眼就過去了。不久來了另一個人，兩個人一起指天空，也沒有人理他們。但當三個人同時指著同樣方向時，周圍的人們無不停下腳步，一起抬起頭仰望天空。這就是「三」所擁有的力量。

羅素也運用團體的力量，與十一名科學家攜手合作一同發聲。十一個人組成一個團體，為了人類的永續而一致呼籲停止戰爭，終於讓當時熱中於開發武器的美國政府傾聽他們的聲音。

在教室同樣適用三的法則。如果三個人聚在一起能夠傳達「我們的勇氣有價值、我們不允許暴力」的集體意識，就可以阻止暴力。不需要像羅素或愛因斯坦一樣偉大，平凡的我們也可以做到。

左手拉一個、右手拉一個，只要三個人聚在一起發出同一個聲音，就可以保護自己和朋友，向嘲笑、毆打、折磨朋友的人傳達「你所屬的團體不允許暴力」的訊息，就有可能能夠阻止暴力。

為了給在教室裡對抗暴力的聲音注入力量，我對孩子們講述人類的歷史。智人之所以能夠生存至今，就是因為適者生存，但是進化人類學家凡妮莎·伍茲和布萊恩·黑爾寫的《最友善者的生存之道》中推翻了適者生存的理論。這本書指出人類並不是因為身為優越物種、踩在低等物種之上才得以生存至今，而是因為人類會相互合作，才能存活下去。只有齊心協力一途，體型小、肌肉少的人類才能獵殺體型巨大的動物，才能在猛獸的攻擊下相互保護。

為了傳達在教室裡不允許暴力的原則，我帶著孩子們一起看了一則幫助弱者的故事。由法國插畫家Kerascoet所著的《和凡妮莎一起走》是一本沒有文字的繪本，描述被欺負的凡妮莎以及守護她的朋友們的故事，據說是以真實事件改編而成。

剛轉學到新學校的凡妮莎每天都小心翼翼的，某一天，有一個孩子用凶狠的表情對著凡妮莎大吼大叫，凡妮莎被這麼一吼，當下直接哭著跑回家。一個孩子在旁邊目睹了一切——他就是這本書的主角。

主角回家後一直在想這件事。第二天早上，終於想到一個好主意。他跑去凡妮莎家，找她說了一些話。我問班上的孩子，主角對凡妮莎說了什麼？

「凡妮莎，我們一起去上學。」

沒錯。主角牽起凡妮莎的手，和她一起上學。

接下來又發生令人驚訝的事，另一個孩子過來，也牽起凡妮莎的手，現在凡妮莎有了兩個朋友。三的法則實現了，從此以後，凡妮莎身邊聚集了許多孩子。

在一群守護凡妮莎上學的孩子當中，有之前對凡妮莎惡言相向的孩子，被發現之後，他們的臉一下子變得通紅。看到這裡，我對班上的孩子們說：「我們是準備好幫助朋友的人，也是因為有人性而存活至今的智人。當發現有人被欺負，就再多找兩個朋友，一起阻止欺負朋友的人。這就是團結的力量。」

想在叢林中生存，就**不能成爲互相踐踏的存在，應該成爲相互守護的夥伴**。只要出現兩個反對暴力的朋友，就能阻止暴力、守護彼此。

即使利爪拍打盾牌

雖然教室像叢林，但在這中間一定有三個勇敢的人。有一天，上到第四節課，我突然問孩子們：「你們有沒有曾經默默疏遠某個朋友？或者看過類似的事？現在以不記名的方式，寫在紙條上吧。」

孩子們遞交的紙條上，寫著我從來不知道的內容。十個女孩中，有五個有類似經驗。

「今天允珠瞪了智秀一眼。平常智秀和允珠、美星、恩珠都會在一起玩，但是今天允珠、美星、恩珠都不靠近智秀。」

孩子們察覺到允珠奇怪的舉動，決定不再沉默。他們並未任由智秀一人陷入困境，而是將自己的發現和感受分享出來，我真的很感謝打破沉默、勇敢發聲的孩子們。

如果智秀自己一人承受這一切會怎麼樣呢？應該很害怕又覺得很孤獨吧？允珠那一瞪，就像針刺向眼睛一樣，如果朋友沒有出面做點什麼，針就會刺進智秀的心臟吧？況且這一切都在無聲無息中發生。

但是我們教室裡有盾牌。看到允珠對智秀的態度，孩子們以紙條做為盾牌，這面盾牌發出「鏘鏘鏘」的響聲，並擋住了針。

勇氣就是又大又厚重的盾牌，針頭又小又細，可以出現在任何地方，隨手就可以拿起來扔。攻擊別人就是如此，嘲笑、誹謗、冷暴力、肢體暴力，即使沒有刻意為之，有時在情緒使然之下也會做出類似的行為。

但是使用盾牌需要力氣，要找一位能一起舉起厚重盾牌的朋友，並在需要的時候同心協力。使用過盾牌的孩子，都知道這份力量有多強大。

在名為教室的叢林中，當有猛獸攻擊朋友時，扛起沉重的盾牌站在朋友身邊；即使猛獸的利爪不停敲打盾牌也不退縮，與朋友肩並肩，給予躲在盾牌後面的朋友一個溫暖的笑容。

這個過程就是體驗人性，而人性是任何東西都無法替代的。

發現新想法的哲學旅行地圖

一，在勇氣車站遇到的哲學概念：

- 勇氣
- 人性
- 三的法則

二，爲父母準備的嚮導提問：

擔心孩子如果出門打抱不平會反被欺負。爲了讓孩子能保護自己又能鼓起勇氣幫助別人，先來找出「勇氣」的眞正含義吧。

- 被欺負的朋友會有什麼感受？
- 對被欺負的朋友該說什麼好呢？

三，在勇氣站進行的哲學對話：

● **什麼是勇氣？**

勇氣就是能夠分辨是非的能力，選擇我認爲正確的行動，並付諸實踐。爲了幫助被欺負的朋友，需要勇氣。

●勇氣有其他的解釋嗎？

勇氣也可以說是人性。意味著人類想要追求幸福、知識、智慧的心。只要不忘記人性，就能阻止使用會傷害人的武器打仗。

●朋友被欺負時我可以怎麼做？

找另外兩位朋友一起守護在被欺負的朋友身邊，對欺負人的加害者說「停止」！如此一來，我們在守護自己時，也會產生勇氣。

友情　**道歉**　勇氣　侮辱

第六站　道歉：

「做了對不起朋友的事，應該如何道歉？」

這天有點不尋常，雖然像普通的一天，但是與昨天不同，允珠、恩珠、美星默默地疏遠了智秀。幸好目擊一切的其他同學把這件事寫在紙條上讓我知道。

下課後，我把允珠、美星、恩珠和智秀留在教室裡。她們神色緊張地看著我，我先唸了紙條的內容，她們聽完之後，臉色都一陣蒼白。

在冰冷的沉默中，大家只是安靜地坐著，我也不知道該如何解決比較好。

現在該怎麼做呢？如果你認為「和解」就好，那就錯了。我絕對不會對孩子們說：「要和朋友好好相處。現在就和解吧。」這種話。

和解是在雙方意見不合而發生爭執

時才會有的結果，然而，疏遠朋友並不是起爭執，一旦「和解」這話一說出口，就像埋下一顆正在倒數的炸彈，只是平息了眼前的矛盾，總有一天還是會爆發，既無法撫慰被傷害的孩子的傷痛，傷害朋友的孩子也不知道具體該做什麼。

受傷的人想要的並不是和解。希望以和解的名義，盡快結束一切的也許只有調解這件事的人——我想快點消除這又冷又悶的氣氛，因為實在很難面對孩子們難看的臉色。

但是這顆矛盾炸彈的引信已被點燃，現在非得進行拆彈作業不可。我不希望大家面對面坐著的這張桌子成為爆炸現場，希望它能成為提出明智、合理、互利性解決方案的圓桌會議。於是，我先提出問題：「在這種情況之下，受害的人最希望的是什麼？被孤立的智秀想要什麼？」

憤怒是襲擊我的力量？

智秀雖然一直沉默地坐著，但內心可能充斥著對允珠等人的憤怒、怨恨、恐懼等負面情緒。我想讓她從這些負面聲音中解脫，帶著平靜的狀態回家。該怎麼做才能消除智秀心中的憤怒呢？

哲學家對消除憤怒的方式非常感興趣，根據不同情況，加害者向受害者請求原諒的方式也有所不同。要了解消除憤怒的方法，首先得了解憤怒。

憤怒是什麼呢？

有兩種方式來定義憤怒。第一種觀點是憤怒就像波浪向我襲來，是擺脫自己控制的力量；第二種觀點認為憤怒是在某種情況下，有理由才會產生的情緒。

哲學家大衛．諾維茲用第一種觀點解釋了憤怒。他認為憤怒是脫離了「我」的意志、向自己襲來的某種力量，因此，如果想消除憤怒，受害者需要透過對加害者產生同情或共鳴等其他情感，藉此產生推開憤怒的力量。為此，他強調要「嘗試從加害者的角度看事件」，必須「對加害者感受到的後悔有共鳴和理解」。

依照諾維茲的觀點，加害者為了取得原諒，應該要讓受害者對加害者產生同情心，理解其處境。而要做到這一點，加害者就要詳細講述自己不得不那樣做的理由。因為要引起對方的同情，所以可能會帶來與問題無關的個人痛苦事件。如果加害者哭著吐露自己的痛苦，那麼被害者對他的同情，可能會超越被傷害的憤怒。

但是用可憐對方的心取代憤怒會產生一個問題，就是為了要對加害者產生共鳴，就必須傾聽加害者說的話。共鳴、傾聽並不是容易的事，需要集中精神，也需要努力站在加害者的立場看事件。

為什麼受害者都受傷、陷入痛苦中了，卻還要做出那樣的努力呢？傾聽和理解，不是加害者應該做的嗎？

童書《罵人的李優娜》中，李優娜也說不需要完全理解加害者的狀況。優娜的朋友小美有個困擾：每次放學後在補習班的接駁車上，浩俊都會罵小美。

知道這件事的優娜覺得很生氣，於是計畫幫小美報仇。優娜用一種極具創意的方式對浩俊進行報復，要他必須向小美道歉。一個星期後，小美向優娜描述浩俊是如何道歉的。

浩俊自顧自地說了自己的故事：「我從小就在英國生活，回到韓國定居後，一時之間很難適應。爸爸媽媽工作都很忙，常常都是自己一個人在家。除了要上學，還要上補習班所以很累，對什麼事都看不順眼才會這樣。」

優娜看著小美，臉上都是可憐浩俊的表情。優娜對小美說：「妳不需要理解一個欺負妳的人。」浩俊的問題得靠他自己解決和克服，沒有理由拿小美出氣，這件事很明顯就是浩俊的不對。

優娜說的沒有錯。受害者確實被傷害了，也感到痛苦，沒有必要連加害者的情況也要理解。即使傾聽、理解了加害者的辯解，並以名為同情的波浪推開憤怒的浪潮，但實際上受害者的心裡還是很痛苦。

憤怒是由我的意志來判斷

加州大學哲學系教授潘蜜拉．希羅尼米也反駁了諾維茲的論點，認為不該用同情推開憤怒，因為憤怒是可以靠自己判斷並讓它消失的情緒，這被稱為

「判斷敏感度」，因為憤怒對判斷很敏感，所以很容易根據判斷誕生或消失。

因為憤怒是由於判斷而產生的，所以與身體感受到的飢餓、睏意、疲勞不同。這邊舉個例子，假設有一位妻子原本睡得很熟，突然被蚊子嗡嗡飛舞的聲音吵醒，發現手臂上已經被叮得又紅又癢，為了要打蚊子的意志使然，所以睜開眼睛。

因為與蚊子搏鬥，結果沒能睡好覺，第二天起床又睏又累。她並非因為腦中想著「昨晚打蚊子沒睡好，所以現在應該會很累」所以才感覺累，而是身體自然的感受。但是她無法因此對蚊子發脾氣，因為蚊子不會對自己的行為負責，所以也不能要求牠「把血還給我」「幫我擦藥」。

但是如果妻子知道昨天晚上是因為丈夫沒把玄關的門關好，導致蚊子有機會飛進屋內，結果會怎麼樣呢？丈夫恐怕很難安然無恙，因為被蚊子叮得一夜沒睡好的妻子會對丈夫發火。也就是說，妻子有充分的理由感到憤怒，所以才會對丈夫生氣。

不過，如果妻子知道丈夫是為了整理堆積如山的快遞箱子和垃圾，才會打開玄關門，那又會怎麼樣呢？如果知道了這個事實，妻子可能就不會對丈夫生氣了，因為無法構成充分的理由生氣。

由前述的故事可以知道，憤怒是根據判斷而變得敏感的態度。如果有足以消除憤怒的合理理由，加害者就必須努力找出那個理由。

關於消除憤怒的合理理由，希羅尼米強調應該是「加害者的誠心道歉」。若想以道歉的方式，合理地消除憤怒，就必須是「**真道歉**」，而非假道歉。

那要如何道歉才能完全消除受害者的憤怒呢？

真道歉的效果

精神科醫生，同時也是心理學家的亞倫．拉扎爾透過一千多件病例和臨床經驗，研究何謂真道歉，並告訴我們為何它能治癒受害者。

所謂的真道歉有以下幾點效果。

首先，它可以幫助受害者充分表達憤怒。從受害者的立場來看，說出受害的事實為自己帶來多大的痛苦，是非常重要的事。獨自隱忍傷痛就像放著無法估量深度的傷口不管一樣。

將受到的傷害表達出來，確認對自己造成什麼程度的傷害，同時也是防止傷口繼續擴大而畫下界線。

另外，如果不判斷受傷的程度，但卻有人願意傾聽，並給予共鳴，那麼受害者也會產生自我治癒傷口的力量，因為遇到能理解獨自忍受傷痛是什麼感受的人，就可以消除被疏離的感覺。

但要說出自己受到侮辱性的傷害需要很大的勇氣。因為在陳述的過程中，必須重新回想當時那個狀況，但同時，沒有隱瞞、勇敢地表達忍受痛苦的事實，也可以感受到自我價值，並產生自豪的感受。

此外，真正的道歉可以讓人更確信未來的安全。因為受害者會擔心同樣的事會不會再次發生，因此需要加害者承諾今後不會再犯。如果有必要，加害者應該給予補償，例如弄丟朋友的東西，就必須買新的來還給朋友。補償也是對未來的一種承諾。

那麼，應該如何實踐「真道歉」呢？我請孩子們說出自己的想法：「真誠的道歉需要什麼？」

「必須誠實地說出自己所犯的錯誤。」

真道歉第一步就是如實承認錯誤。唯有知道自己犯了什麼錯，才能不再犯。如果像以下這樣的話，就是假道歉——「我對一切都感到很抱歉。」這句話真正的意思是「不知道為什麼要抱歉」。因為根本不知道應該道歉的重點為何，所以乾脆對一切都感到抱歉。

還有另一種假道歉——「如果有哪裡失誤的話，我很抱歉。」「如果有哪裡失誤的話」，就是不覺得自己有失誤。真道歉必須如實承認錯誤。

另外，孩子還提出其他意見：「用真誠的聲音、真誠的心、真誠的表情道歉。」

孩子們從對方傳達話語的態度上，就能察覺是不是真誠、真心的。準確度甚至會讓人懷疑是不是戴了有讀心術功能的特殊眼鏡，光憑眉宇間的細微動作，就能看穿對方的心。所以，若是故弄玄虛，很快就會被揭穿的。

真道歉的傳達方式

我把拉扎爾和孩子對真道歉的解釋，分成四個階段並製作成表格貼在教室牆上，以便在有需要的狀況時可以運用。

第一階段是**「查明真相」**，這也是最重要的階段。發生了什麼事、當時有什麼樣的感受……該階段是傾聽彼此故事的階段。實際情況裡常常很難明顯區分受害者與加害者，因此，還原當時的狀況、整理事件是非常重要的步驟。

智秀開始被排擠沒多久，就有孩子發現並把狀況告訴我。如果智秀也同樣對其他朋友說允珠的壞話，那就不會只有一名受害者。所以不能只聽一個人的說詞，必須要客觀聽取所有相關人士的說法。

「發生了什麼事？」

大部分情況下，孩子們都會這樣回答：「不是，是他先……」在還原狀況時，往往都會先說是對方的錯。所以我會再問一次：「現在不是說他做了什麼事，而是**先回顧一下你做了什麼事**。」

階段	內容	價值
第一階段	查明真相	「發生了什麼事？有什麼感受？」
第二階段	承認錯誤，進行道歉	「因為我____，我很抱歉。」
第三階段	討論解決辦法	「我要怎麼做你才會消氣？」
第四階段	約定	「我知道了，我會照著做。」

真道歉四階段

站在別人的立場上重新審視，不僅會想到自己所遭受到的，也會回想起自己做過的事。這時，我又說了一句話，讓孩子能深入自己的內心。我對允珠說：「我想你們應該不會無緣無故就變成這樣，到底發生了什麼事？」這麼說可以讓孩子相信老師能夠理解自己並不是無緣無故才那樣做，也會比較願意重新檢視自己。

美星先回答：「有一天我和智秀走在路上，突然有其他同學過來說有話要跟她說，就把她帶走了。留下我一個人，讓我感覺很差，所以那天中午我們三個就一起去洗手間聊了關於智秀的事。」

允珠接著說：「感覺除了我們之外，智秀和其他同學在一起時好像更常笑、更開心。」

「原來如此。你們想和智秀好好相處，但是智秀好像更喜歡和其他朋友在一起，所以有點嫉妒。」

「是啊。」

我聽了孩子們的陳述，了解了狀況，藉此掌握接下來的發展。比起加害者的理由，更重要的是理解受害者的感受。於是我問智秀一個很重要的問題：「智秀，當朋友們把妳丟在一邊的時候，妳有什麼感受？」

智秀低著頭說：「感覺被冷落，感覺……有點孤單。」

智秀說完話，現場一片寂靜。我也刻意保持沉默，雖然不知道智秀感受到的孤獨有多深，但還是要努力去理解。過了一會兒，我問允珠、美星和恩珠。

「妳們聽了智秀的話有什麼感受？」

「我覺得很抱歉。」

感覺抱歉的心，是炸彈的倒數計時器被「咔擦」一聲關掉的信號。真心感到抱歉，接下來的階段就會很順利了。

受害者真正想要的是什麼？

第二階段是承認錯誤並道歉，**找出真正覺得對不起的地方並真心道歉**。我要允珠、美星和恩珠自己說，覺得哪裡對不起智秀。孩子們都很清楚自己做錯了什麼。

「我狠狠地瞪妳，還冷落妳，對不起。」

第三階段就是解決。詢問**做錯的一方**可以怎麼努力，**如何向受傷的一方表達歉意、消除傷痛**。孩子們小心翼翼地問智秀：「我要怎麼做妳才會消氣？」怎樣才能讓受傷的心復原？怎樣才能撫平受傷的心靈？要怎麼做才能彌補這一切？這些問題太難了，我也很想知道孩子會怎麼回答。智秀開口了。

「以後不要再這樣了。」

我看著智秀的臉，表情嚴肅且堅定。透過「以後不要再這樣」的承諾，智秀安撫了自己的心，再次向前邁進。

不僅是智秀，很多孩子都會在道歉的第三階段要求「以後不要再這樣了」的保證。被朋友傷害的孩子，從一開始因憤怒而氣喘吁吁、因傷心而哭泣、大喊大叫，然後開始陳述。到了第三階段，大部分都會冷靜下來說「以後不要再這樣了」。

在最後的第四階段，就是**加害者**對朋友在第三階段提出的要求**給予「承諾」**，同時也下決心：「我知道了，以後不會再這樣了。」

孩子們鄭重地向智秀保證。接下來如果還有什麼儀式，那就是打勾勾了。

小指相遇的力量

「好，那大家打勾勾一言為定吧！」

或許有點意外，孩子們看著我，我點點頭，示意「就是妳們想到的那種打勾勾」。

允珠先把小巧圓潤的小指伸向智秀，兩人的小指勾住，大拇指相互按壓，正要放開手之際，被我及時阻止。

「欸，還有轉個圈、握握手啊。」

孩子把手轉過去再轉回來，順勢握了握手，原本僵硬的臉現在都放鬆了，露出燦爛的微笑。我喜歡這笑容，為了看到這個笑容，真是花了好大的工夫進行拆彈啊。

看著孩子們的笑容，我突然發現勾手指約定就像傳達「我們是同等」的意義。指著別人的手指、把人推開的手指、握成拳頭的手指，都不能當作承諾。那些手勢是侮辱別人、想要占據比別人更高位置的手，也是把對方的人格擊倒在地的手。

承諾是必須向朋友伸出小指，那也是人最脆弱、最溫柔的手指，表示無意傷害對方，是像溫柔眼神一樣傳達真心的手指。小指的相遇可以重新喚起被擊碎的人格。

接受傷害我的朋友的小指也代表寬容。因為朋友而受傷、憤怒，但當朋友真誠地道歉後，就可以接受那小小的手指。小指相遇的瞬間，也是兩人以同等位置的人格相遇的信號。

小指比其他任何手指的力量都要更強大。

發現新想法的哲學旅行地圖

一，在道歉站遇到的哲學概念：

- 道歉
- 憤怒
- 判斷敏感度

二，爲父母準備的嚮導提問：

每個人都會犯錯，如果我的孩子犯錯了，就當作一個機會，教導他正確道歉的方法。

- 道歉時需要什麼？
- 道歉時有什麼事不可以做？

三，在道歉站進行的哲學對話：

● **道歉是什麼？**

道歉是做錯事的人傾聽對方的話、承認自己的錯誤，並承諾以後不會再這樣。只有實踐那個約定，才能成爲眞道歉。

●憤怒是無可奈何的力量嗎？

如果有人對我做了不對的事，我會感到憤怒。要知道憤怒是什麼，才會知道如何消除憤怒、才懂得何謂眞正的道歉。哲學家諾維茲曾說，憤怒是擺脫意志，向我襲來的力量。只有藉由像同情這樣強烈的其他情感，才能平息憤怒，原諒對方。

●我能判斷憤怒嗎？

哲學家希羅尼米認為，根據情況的判斷，憤怒可能會誕生或消失，是「判斷敏感度」。唯有充分的理由放下憤怒，憤怒才能消失，而眞的道歉會成爲消除憤怒的最強理由。

第七站　友情：

「我真的很討厭他，怎麼辦？」

尚動整個假期都開心不起來，因為在放假前得知，升上五年級之後就要跟民俊同班。

和民俊同班這件事足以讓尚動惡夢纏身，他們兩個人的孽緣從三年級開始。原本就同班的兩人感情很好，經常玩在一塊，但隨著關係越親近就越容易吵架。到底導火線是什麼已經記不清了，只知道後來幾乎一見面就吵架。

當時發生了一件讓尚動難以忘懷的事。某天午休時間，大家吃完午餐到操場上玩，民俊突然推了坐在鐵欄杆上的尚動一把，沒有防備的尚動就這麼掉了下去，幸好下面是沙坑才沒有受傷。

尚動一邊拍掉身上的沙子，一邊對民

俊大喊：「你為什麼推我？」

「因為我想殺了你。」

民俊的話讓尚勳驚訝得說不出話來。當時那一幕深深印在尚勳心裡，他永遠記得民俊想讓自己受傷而做出的行為，事後連一句道歉也沒有。

從那次之後，尚勳只要看到民俊都會浮現不好的記憶，認為不管民俊做什麼都是想要傷害自己。其他朋友叫尚勳的綽號，他都可以一笑置之，但若是民俊那樣叫，他就會氣到全身發抖。

但是民俊似乎不記得那件事，反倒認為是尚勳不喜歡他，甚至還叫其他朋友一起排擠他。民俊曾表示因為尚勳的關係，很難跟其他同學好好相處，這兩個孩子各說各話，關係錯綜複雜。

道歉也沒有用

擔任五年三班導師的我，每到下課時間就要調解兩個孩子的爭吵，什麼狀況都有，例如互相指責對方先叫綽號、突然打對方的後背一下就跑走、故意把東西藏起來或弄壞等。一聽到同學說：「老師，他們兩個又吵架了！」我就把兩人都叫過來。

還在氣頭上的兩個孩子看得出來還很激動，皺著眉頭互瞪彼此。看到他們那個樣子，我也不由自主地覺得心煩，但我知道必須做點什麼。

我保持平靜地問民俊和尚勳：「發生什麼事了？」

從道歉的第一階段開始，一步一步走到第四階段。最後民俊向尚勳道歉，並詢問尚勳希望自己怎麼做：「尚勳，對不起。我該怎麼做才能讓你覺得好過一點？」

尚勳只是盯著地板，連看都不看民俊一眼。

「尚勳，民俊向你道歉了，還問你希望他怎麼做，你應該回應一下啊。」

「他只會說對不起，下次還是一樣會捉弄我，我為什麼要接受他的道歉？」

聽了尚勳的話，我一時不知道該說什麼。尚勳非常了解民俊，幾天前在班會上公開道歉後，民俊曾這樣對我說：「我剛才不是真心的，我只是想趕快出去玩，所以才隨便說對不起的。」

我啞口無言，耳朵甚至感到一陣刺痛，像是聽到了不該聽的話。民俊好幾次都是隨隨便便地道歉，一點誠意也沒有，尚勳應該原諒他嗎？

我認為民俊需要的不是原諒，而是處罰，不過當然不是體罰。體罰不會讓孩子自我反省和悔悟，而是會留下一輩子的心理創傷。不能因為做錯事，就讓孩子的身體感到痛苦來做為懲罰手段。

於是我罰民俊「下課時間不能出去玩」以及「寫檢討文」。下課時間，民俊端正地坐在我旁邊的位置上。檢討文其實是一連串的問題，民俊必須回答「發生了什麼事」「為什麼那樣做」「透過那個行為就能得到想要的東西嗎」「有沒有更好的做法」，還有「以後應該怎麼做」。

民俊在A4紙上密密麻麻地寫下自己的回答，我再針對內容和他一一討論，有時會討論到放學後也留下來。我告訴他，如果檢討文累積達到三次以上，就要請他父母到學校來談一談了。

但是在這段過程中，我的心中也萌生了疑問：我可以剝奪孩子玩耍的自由嗎？我可以處罰孩子嗎？

為了給自己一個負責的機會

我從哲學家康德那裡得到了答案。

康德認為，對於犯錯的人施以刑罰是為了讓行為人對自己的錯付出相應的代價，這就是「應報理論」。這並非討厭加害者，也不是為了預防和抑制錯誤的行為，只是為了要加害者付出犯錯的「代價」。

處罰的目的是給自己一個反省和承擔責任的機會。允許處罰的理由是為了確認犯錯的人具有可以承擔責任的人格。

我得到結論：讓民俊寫檢討書的處罰是正當的。他應該為自己的錯誤，也就是一再捉弄朋友而付出代價，寫檢討文是讓他反省自己所作所為的機會。如果民俊的行為沒有改變，而我放任不管，就是剝奪孩子深思和反省的機會，忽視改變的可能性。

看到民俊留下來寫檢討文那痛苦的樣子，尚勳也不再對民俊大喊大叫。兩個孩子保持距離，吵架的次數也減少了。

但時不時還是會有種「一觸即發」的感覺，不知道他們什麼時候又會吵起來。我也逐漸感到疲憊，畢竟，要一名好動想玩的孩子乖乖坐下來寫檢討文並不容易，民俊看起來也快受不了了。

教室是孩子們成長的地方，成長意味著今天的我和昨天的我應該有些不同。我相信，應該有除了處罰以外的方法，讓他們不再一見面就火藥味十足，並找回他們的友情。

我想到一個新的提問，如果讓孩子自己思考何謂真正的友情，會不會產生變化？什麼是真正的友情呢？

精確分量的愛和尊敬

什麼是真正的友情？

康德撇開實際的友情，思考人類所能想像最理想、最完美的友情是什麼樣子，也就是現實中很難達成，但是必須努力達到的友情。

對康德來說，理想的友情是最大化的愛和尊重的關係。必須最大化是因為人類是非常會算計的存在，無法停止算計付出與獲得的分量是否達到一致。

這裡所指的「一致」，並不是真的去量化我付出多少、對方給我多少。它指的是**自己能付出的最大值**。

對康德來說，愛和尊重是作用於不同方向的力量。他說，愛情是吸引的力量，尊重則是外推的力量。愛是希望對方幸福，透過給予對方善意、親切的語氣、溫和的表情、不與之爭辯的寬容等表現。如果給了對方多少，相對的對方就是欠了多少，同時對方會想給予同等回報，於是彼此持續一來一往，就會越來越親近。

相反的，尊重並不是為了獲得而給予的情感，而是把對方應得的給對方。康德認為人類是理性、道德的存在，只要是人，都具有不可替代、不可做為手段的尊嚴，所以**我們會尊重某人，是因爲對方應該得到尊重**。

如果尚動尊重民俊，就會把他當作一個能夠理性思考，做出道德行動的人，即使有失誤，也是會反省的存在。

尊重的相反詞是輕視。如果尚動輕視民俊，就會認為他是比自己價值更低的人。

雖然康德認為那種理想友情幾乎不可能達到，但我們還是可以透過他的論點來描繪友情的願景。民俊和尚勳能夠不輕視對方，盡自己最大的努力去愛和尊重對方嗎？要如何讓他們認識彼此的尊嚴和價值呢？

友情讓豬也跳起舞來

看似不可能的事發生了。那是和孩子們讀過《三隻小狼和大壞豬》之後一起討論時發生的事。

這本書模仿了童話故事《三隻小豬與大野狼》，把原本的三隻小豬換成了三隻小狼。三隻小狼要出去自立門戶，媽媽叮囑牠們要小心「大壞豬」。三隻小狼離家後蓋了一幢安全的磚造房屋。有一天，三隻小狼正在外面玩時，大壞豬出現了。

三隻小狼聽媽媽的話，立刻回到屋內並鎖上門，大喊「你不能進來」。於是大壞豬努力用鼻子吹氣，想把房子吹倒，但磚房卻一動也不動。

大壞豬該怎麼辦呢？牠回去拿了一支大鐵錘來砸碎房子，三隻小狼逃出來，再蓋了幢更堅固的房子，但是隨後又被大壞豬摧毀了。

三隻小狼與大壞豬的仇恨越來越深，小狼們建造了更大、更堅固的房子，但大壞豬總是有辦法破壞。最後，小狼們用花蓋了幢房子，大壞豬照例吸飽了氣，準備把花房吹倒時，突然覺得鼻腔內充滿了花香，聞著清香的大壞豬，心情突然變好了，忍不住跳起舞來。三隻小狼看到大壞豬在跳舞，也放下戒心走近牠，最後開心地玩在一起。

在這本書中，房子是很重要的一環。小狼們不斷建造更堅固的房子，卻一再被大壞豬摧毀。為什麼會這樣呢？我問孩子們：「三隻小狼建造的房子代表了什麼？」

尚勳回答：「三隻小狼蓋的房子代表一個人如果不敞開心扉，內心就永遠會有一面無法突破的牆。」

小狼的房子象徵誰都無法靠近、牢牢鎖上的心門。因為小狼三兄弟認為大壞豬是壞蛋，不能讓牠靠近，所以一直蓋堅固的房子擋住大壞豬。

但**「牆倒了就是橋」**，如果推倒相隔彼此的牆，那麼牆就會變成連接彼此的橋。小狼們把倒塌的牆當作橋，走近跳舞的豬。

牆倒了，就能互相傳遞愛，也可以表達尊重。尚勳對民俊就像三隻小狼一直拒絕大壞豬，不肯開門。我心中默默期望尚勳的心能夠打開。

看完故事後的隔天，尚勳一大早就來找我，把連絡簿的家長回函交給我並說：「昨天我跟媽媽說了和民俊發生的事。媽媽說民俊就是那樣，叫我不要跟他玩。」不只尚勳，尚勳的母親也對民俊築起了牆。看著兩個孩子總是動不動就吵，當媽媽的應該也疲憊不堪，當然對一直捉弄尚勳的民俊有不好的評價。

我心裡不由得著急了起來，「之前的努力該不會都化為泡影吧？康德所說的愛與尊重，果然是無法達成的理想嗎？」我小心翼翼地問尚勳：「那你怎麼回答？」

「我跟媽媽說，如果永遠都那樣想，那我跟民俊只會一直吵架。」

尚勳淡淡地說，臉上浮現平和的光芒。在我面前雖然只是個孩子，但在這一瞬間，尚勳看起來就像是領悟了人生智慧的哲人。他決定放下對民俊不好的想法，決心打破心靈的高牆。

友情是圓的

尚動最大限度給予愛和尊重的方式，是努力發現民俊的優點。

如果覺得那個人不好，就只會看到他不好的地方。如果在對方臉上貼著「愛捉弄我的人」這樣的標籤，那麼就看不到其他部分了。要發現民俊的優點對尚動來說是難以想像的事，但最終他還是做到了。

民俊天生就有幽默感，他在雜誌《五三烤肉》上畫的連載漫畫很受歡迎，尚動也很喜歡。

而民俊則改掉沒有誠意道歉的習慣，不再是別人叫他道歉才說對不起，而是會主動意識到自己做錯了——他主動說對不起，把手放在尚勳肩膀上，讓他不再那麼緊繃。

五年級快結束的某一天，民俊說：「我和尚勳以前經常吵架。但是自從上次和他分到同一組做作業，在合作過程中，發現我們配合得很好，所以現在又重新成為好朋友了。」

聽到這句話，尚勳偷偷地笑了。兩個原本一見面就吵架的孩子，時隔三年終於再次成為好哥們。這不是一朝一夕發生的奇蹟。

如果沒有處罰一直捉弄尚勳的民俊，就不會有反省錯誤的機會；如果沒有給尚勳思考友情是什麼的機會，他也不會發現自己的心有多緊閉。因為逐漸累積了「了解彼此都是有尊嚴的人」這個事實的小插曲，他們的友情才得以恢復。

民俊下課時間努力寫檢討文的模樣、向尚勳道歉時真摯的臉、向尚勳打招呼的微笑的臉；尚勳看著民俊畫的漫畫大笑的臉、主動跟民俊說笑的模樣……

這是以笑容、憤怒、惡作劇、道歉和寬恕交織在一起，屬於民俊與尚勳之間的友情。

看著這兩個孩子，突然覺得他們的友情就像熱氣球，當燃燒器點燃，平鋪在草地上的氣球就會越來越大，慢慢升到空中，友情也是如此。

傳遞愛給對方，拉近彼此的同時也給予尊重、保持適當距離，友情就會膨脹成圓圓的熱氣球。心想著能不能再大一點，熱氣球就會變得比預期更大、更圓。圓滿的友情可以帶我們到很遠的地方，越過處罰，以愛和尊重共存的地方。

發現新想法的哲學旅行地圖

一，在友情車站遇到的哲學概念：

☑友情　☑愛與尊敬　☑報應理論

二，爲父母準備的嚮導提問：

如果孩子因爲討厭某個同學而痛苦，就帶著孩子深入了解友情是什麼，會在意想不到的地方發現解決問題的契機。

☑應該原諒繼續犯同樣錯誤的朋友嗎？

三，在友情車站進行的哲學對話：

● **如果朋友一直犯同樣的錯誤，實在讓人很討厭，該怎麼辦？**

想想看友情是什麼。如果了解何謂眞正的友情，就會發現眞正阻礙友情的東西。

● 我可以處罰犯錯的人嗎？

哲學家康德認爲，加害者要爲自己的錯誤付出代價，因此要進行處罰。處罰的目的是給自己一個反省和追究錯誤的機會。

第三章

與他人共處

第八站　外貌：

「要長得漂亮才能被愛嗎？」

某天數學課堂上，孩子們正在解題。我在大家的座位間來回走動巡視，每個人都很專心作答。

正巧智善旁邊的座位空著，於是我便坐下來，突然看到低著頭的智善，眼淚一滴一滴地掉在課本上。我嚇了一跳，拍了拍智善的肩膀問她怎麼了，結果她什麼也沒說，就哭著跑去洗手間。

不管怎麼問，智善只是一直哭，連話都說不清楚。幾個小時後，好不容易才平靜下來，我擔心地問：「智善，到底發生什麼事了？」

智善臉上還掛著淚痕回答：「在浩說以後不要再連絡他了。」

哎呀！我知道智善喜歡在浩，這樣聽

來是被在浩甩了，所以心裡難過。我緊緊抱住哭泣的智善，她的肩膀抖動著，哭得更大聲了。

我想安慰智善，想減輕她認為自己被否定的感受，但是很難找到適當的話安慰她，要說「妳會遇到更好的男孩」好像不對；若說「就把這次當作契機，把心力集中在課業上吧」也不合適。

因為長得醜，所以不喜歡我嗎？

當時我透過網路成立了小學生哲學社團，在社團活動時間，我提出了有關戀愛的問題，想聽聽孩子們的想法。因為是網路社團，孩子來自不同學校、居住在不同地方，因此格外坦率地分享各種不同的想法。

「如果朋友被自己喜歡的人拒絕了，你們會怎麼安慰他呢？」

和智善同齡的善惠回答：「我會買漂亮的髮夾給她或幫她化妝。」

「為什麼？她喜歡打扮嗎？」

「不是，因為如果有人不喜歡我，我會想『是不是因為我長得醜，所以不喜歡我？那個人是不是喜歡比我更漂亮的女生？』

善惠認為長得醜就比較不會吸引人、比較得不到對方的喜愛。真的是這樣嗎？要長得漂亮才會被愛嗎？我很感謝孩子能說出心裡真實的感受，卻也同時感到一陣心酸。

漂亮是什麼？為什麼漂亮就有資格被選擇、被喜愛呢？我又問善惠：「是誰決定一個人漂不漂亮的？」

「如果在我眼中覺得漂亮，那麼在別人看來也會很漂亮。比如問說班上誰長得漂亮，大家會異口同聲說『○○○很漂亮』，那就是公認的漂亮。」

「那麼那些漂亮的同學長怎樣？」

「通常有大眼睛、白皮膚。穿的衣服都很好看，都會是人氣王。像那種頭髮亂亂的，戴著眼鏡的同學，雖然有點土，但給人感覺很親切。」

我無法反駁善惠所說的「漂亮」。大大的眼睛、像雪一樣白皙的皮膚，穿什麼衣服都好看的孩子，任誰看了都會「覺得漂亮」。正如善惠說的「如果在我眼中覺得漂亮，那麼在別人看來也會很漂亮。」不過，真有這種不管是誰都認同的漂亮標準嗎？

整形外科醫師曾研究公認的美女長相條件，在這項研究中可以看到一般普通長相和有魅力的臉孔之間的差異。研究小組拍攝了許多韓國人、白人、黑人女性的照片，並進行臉部長相的分析，結果顯示，不管哪一個人種，「兩眼之間的距離較遠，下巴小」的長相最有魅力。

看到這個研究結果，我想起了那些偶像藝人，他們多半擁有像星星一樣會閃爍的大眼睛以及非常小的臉，身體曲線苗條，擅長唱歌和跳舞。

有魅力的標準不僅是天生的長相，如同善惠所說的，如果「頭髮凌亂、戴眼鏡、衣服邋遢」就不漂亮了。所以從頭到腳都要好好打扮。

成為有魅力的人難道只是少數人的特權嗎？那太殘酷了，尤其是對小時候的我而言。

我從小胃口就很好，小學時一直都是豐腴的體型。平常喜歡待在家裡看電視、看書，所以視力很快就惡化、開始戴眼鏡。我對打扮沒有太大的興趣，比起善惠所說的「人氣王」，我更接近「土氣王」。

我那豐腴的身材正是其他孩子取笑的目標，因此，「豬」這個外號一直跟著我。有天發生了一件事，改變了被戲稱為豬的我。

那時我十一歲，導師發了自我介紹表給大家，裡頭有一個欄位要寫綽號。我覺得綽號就是經常被叫的稱號，於是我就寫了「豬」。但事後回想，覺得自己寫自己是豬好像不太對。

於是我又去找導師拿回我的自我介紹表，把「豬」字用橡皮擦擦掉。但不知為什麼擦不掉，整張紙被我擦得皺巴巴的，但字跡仍然存在。這時旁邊突然傳來同學鍾旭的聲音。

「妳怎麼會是豬？妳不是豬啊！」

鍾旭的聲音在我耳邊迴響，停留了很久。當其他同學嘲笑我是豬時，我就會想起鍾旭的聲音——「妳不是豬啊！」改變我日常生活的不是減肥成功後變瘦，而是鍾旭的這句話。

有一個人看待我的角度與其他人不同，就足以讓我產生變化。

以畫肖像畫的角度看待

為什麼其他人都叫我「豬」，鍾旭卻說我不是豬呢？當時的我沒有問鍾旭原因，而現在我決定問問善惠。

「剛才妳說『會思考對方是不是因為我長得不漂亮，所以不喜歡我』。那如果化了妝、戴上可愛的髮夾、變漂亮之後，對方就會喜歡我嗎？」

「嗯……好像也不能那樣說。」

「善惠，妳喜歡某人會是因為那個人長得很帥才喜歡的嗎？」

「要說是因為長得帥才喜歡，不如說是因為喜歡所以覺得對方長得帥吧。」

「所以妳的意思是說，喜歡讓對方比實際更帥是嗎？」

「對，並不是因為對方長得帥才喜歡。但是因為喜歡，就會覺得對方看起來更帥。」

為什麼喜歡會讓人看起來更好看？哲學家羅伯特．諾齊克解釋了原因。

他年僅三十歲就成為哈佛大學的教授，他表示，哲學思考不是想出某種具體理論，而是**「過反省的生活」**。

過反省的生活就像畫肖像畫一樣，可以學習如何重新看待人。用畫肖像畫的方式看待人，與用拍照的方式看待是不一樣的。像拍照一樣看待人，那個人就會如同照片中的人物，「只展示某個瞬間、展現那個瞬間的表相」。也就是說，在一個人擁有的各種面貌中，只抓住一個瞬間，且將其視為整體。所謂「漂亮臉孔」的調查統計，就像用拍照的方式看人。

但是畫肖像畫需要長時間的觀察，一旦拉長時間觀察，就會發現那個人每個時刻看起來都不一樣。畫家仔細觀察，並抓住每一個剎那，層層疊放，才能創造出「比實物更豐富、更深刻的肖像畫」。

諾齊克又說：「畫家在觀察對方、與對方度過的時間裡，可以發現他在言語、行動等可視的表相之外所沒有表露的東西。」因此，可以強化細微的部分，將對方的內在呈現出來。

在畫肖像畫的畫家眼中，可以看到相機鏡頭以外的樣子，例如為走在身後的人拉開門的手、吃到酸橘子時臉上擠出的皺紋，或是被難題困住而不知所措的肩膀等。

善惠說「因為喜歡，所以會覺得對方看起來很帥」的理由，就如同畫肖像畫一樣，因為看著喜歡的人，不斷捕捉他帥氣的瞬間，在心裡放大、強化，就算是普通人也會看起來很帥氣。

誠實地觀察自己

那麼如果長時間觀察自己，為自己畫幅自畫像會怎麼樣呢？諾齊克以畫家林布蘭的自畫像為例說明。

林布蘭從自己的全盛時期開始，一直到離開人世前都持續畫

第一次的自畫像

六十年後的自畫像

自畫像。用一六三四年他二十八歲時畫的第一幅自畫像，和六十年後畫的自畫像相比，可以看出以拍照的方式和用像人像畫的方式觀察的差異。

第一幅自畫像是在林布蘭新婚時期畫的，在這幅畫中，林布蘭腰間掛著劍，手高舉酒杯，自豪地介紹他的新娘莎斯姬亞。

美術評論家約翰・伯格看到這幅作品，評論道：「雖然表現出幸福的感覺，但那只是看起來很幸福而已，只是為了展現自己擁有幸福、特權和財富，就像廣告一樣，並未包含真心。」

這幅畫完成六年後，林布蘭的妻子莎斯姬亞去世，林布蘭繼承了大筆遺產，但畫作卻開始人氣下滑，最後落得債臺高築。後來幸虧有第二任妻子和兒子的幫助，才得以擺脫經濟困難，繼續畫畫。

但不幸的是，第二任妻子和兒子也先後離世。據說，在一六六九年林布蘭去世時，身邊除了幾件舊衣服和畫具之外，他一無所有。

林布蘭晚年的自畫像與初期明顯不同，畫中沒有任何裝飾自己的道具和背景，只是在黑暗中，沐浴在光芒之下注視著我們的人。西方美術家宮布利希看了之後這樣說道：

「那顯然不是美麗的樣子，但是林布蘭並不想掩蓋不美麗的一面。他十分誠實地觀察鏡中的自己。我們之所以忘記談論這個作品的美，就是因爲它的誠實。」

連對美的判斷都忘得一乾二淨，這股力量來自於包容以及觀察自己醜陋一面的誠實。不是捕捉自己的某個瞬間並使其突出，而是觀察並接受曲折人生留下的皺紋、稀疏的眉毛以及滿頭銀髮的樣子。

林布蘭告訴人們透過自畫像重新看待自己的方法，就是**誠實地觀察自己的樣子**。這並非只有失去心愛家人和全部財產的情況下，仍堅定作畫的大師才會有的態度，我們也可以做到，只要身邊有人可以給予這種勇氣，誰都可以。

發現漂亮的地方需要勇氣

韓國繪本《我好看嗎？》的主角少年也有重新畫自畫像的機會。

在某一堂課中，坐在少年旁邊的金慶熙看著他，小聲地說：「真好看。」

這句話在少年腦子裡揮之不去，他陷入了思考：「說我好看？那是什麼意思？難道她喜歡我嗎？」

但是當少年要借彩色鉛筆時，慶熙不願意借他，看來並不是喜歡。少年很好奇為什麼要說自己好看，所以開始觀察自己。他看到自己的鼻子高挺、眼睛明亮，看起來確實很好看，也想起奶奶常說他是「我的小帥哥」。

發現自己很好看，讓少年覺得連飯都變得格外好吃。一整天都在想好看是什麼的少年，放學後和奶奶一起走回家。

「你看看天空，夕陽真美。」

聽到奶奶的讚嘆，少年又浮現「我也很好看」的想法，難怪心噗通噗通地跳著。

慶熙並不喜歡少年，為什麼說少年很好看呢？

這則故事隱藏著意想不到的反轉。原來讓慶熙讚嘆好看的不是少年，而是少年身旁、窗戶外的櫻花。

雖然只是偶然，但慶熙的小小讚嘆讓少年有機會好好觀察自己。同時在觀察自己的目光上覆蓋了慶熙「真好看」的濾鏡，因此找到各種美麗的角落。

別人的一句話可以給我們仔細觀察的勇氣和契機。有位哲學家曾說：「只有他人認可我們的優點，我們才存在。」美麗的事物並沒有那麼容易發現，必須全心集中、仔細觀察。

經過長時間苦心觀察發現的美，不會輕易散去。

小時候的我，因為鍾旭的一句話而得到重新為自己畫自畫像的機會。雖然我早已不記得那些嘲笑我是豬的孩子叫什麼名字、長什麼樣子，但直到幾十年後的今天，鍾旭那句「妳不是豬」，仍深深刻印在心底守護著我。

發現新想法的哲學旅行地圖

一，外貌站遇到的概念：

✓ 像拍照一樣看待　✓ 像畫人像畫一樣看待　✓ 誠實

二，爲父母準備的嚮導提問：

當孩子說自己長得很平凡或很醜而嘆氣時，與孩子一起探索發現美麗的新方法吧。

✓ 覺得自己什麼時候最好看？

三，在外貌站進行的哲學對話：

● **長得漂亮才能被愛嗎？**

不是漂亮才能被愛，而是因爲是我愛的人所以看起來更漂亮。

● **漂亮有標準嗎？**

像拍照一樣看待別人，漂亮也有標準。但那只是對於某個瞬間的回應，所以無法代表那個人整體的樣子。

●如何發現美麗？

像哲學家諾齊克所說的，要像畫人像畫一樣觀察，就能發現美麗，可以看到鏡頭以外的各種模樣。把各種樣貌綜合起來，創造出比實物更豐富、更深刻的人像畫。

●如何才能發現我的美麗？

需要誠實。誠實觀察對方，判斷漂亮的標準就會消失。當別人先發現我的美麗時，我就有勇氣誠實地看待自己。

第九站　愛：

「小學生不能談戀愛嗎？」

校外教學的第一個晚上，只要輕敲透出燈光的房門，就能聽到孩子倉惶的腳步聲和鑽進被窩悉悉窣窣的聲音。當什麼聲音都聽不到的時候打開門，孩子都已躺好、緊閉雙眼。

「我知道你們都還沒睡。」

我低聲說道。孩子們隨即嘻嘻笑著起身。

「老師，您怎麼知道？」

「老師當然知道。你們不睡覺在做什麼？」

「我們在玩真心話大冒險。」

所謂的真心話，是想知道彼此心儀的對象是誰。在夜晚吐露獨自珍藏的祕密，隔天一早，孩子們就會像麻雀叼走食物一樣，興奮地到處交換「誰喜歡誰」的情報。民俊不動聲色地來到我身邊，悄聲說道：「老師，聽說敏英和智旻在交往。」

看到民俊紅統統的臉，我忍不住笑了起來。我問民俊：「是嗎？那你也有喜歡的人嗎？」

民俊像是被戳中祕密似地說了一句「哪有」，隨即跑走。這天晚上為了挖出誰喜歡誰、是不是互相喜歡，孩子們徹夜未眠。

關於談戀愛這件事，是孩子們聊整夜都不膩的話題，但他們很難對大人敞開心扉，因為一般來說，大人不認同孩子談戀愛。

你們的愛情不是愛情

在浩的媽媽因為孩子的戀愛問題向我求助過。

某天，在浩媽媽偷看他的手機，意外發現智善傳給在浩的訊息，簡直驚慌失措。

因為智善經常傳訊息給在浩，很明顯表達喜歡在浩的心意。在浩媽媽問兒子智善人怎麼樣？兩人是不是很熟？在浩都只是冷冷地回說「不知道」。

「我覺得智善好像很喜歡在浩，但在浩對她沒興趣，所以希望兩個人能保持距離比較好。」

雖然對智善很殘忍，但站在在浩媽媽的立場，當然是很擔心在浩談戀愛會影響課業，還擔心孩子會不會因為好奇，偷偷嘗試身體接觸，萬一傳出什麼奇怪的流言該怎麼辦。

但如果不由分說就反對孩子談戀愛，遭到反對的人一定會心碎，我很清楚那會有多痛。

「你們的愛情不是愛情。」

這是我在補習班準備重考大學時聽到老師說的話。從早上六點到晚上十二點，從睜眼到閉眼，連念書的時間都不夠的那段時期，我和班上的男生談戀愛。然而有一天，他突然傳訊息給我：「我們分手吧。」我收到被分手的訊息，自尊心大受打擊，卻還是逞強地回了一句「好吧」。

第二天國文課，老師唸了試卷上的詩，偏偏是一首談離別的詩。老師的聲音讓我撕心裂肺，眼淚不聽使喚地掉在試卷上。我一直低著頭，努力想止住淚水，但還是弄濕了無辜的試卷紙。我跑到洗手間鎖上門，坐在馬桶上無聲地哭泣。

那天之後，我無法控制好心情，成績一落千丈。老師上課前對大家說：「現在你們的愛情不是愛情，現在感受到的感情，在將來都會發現其實什麼都不是，只不過是一時動搖的心情罷了。在需要學習的現在，從沒見過任何一位學生談戀愛會有好的結果。」

當時我的心情很混亂。「我很確定自己喜歡他，但如果這並不是愛情，那到底是什麼？大學落榜的重考生就不能去愛嗎？」喜歡一個人的心被認為是多餘的，連我的存在也被踐踏了。

從那次之後，當我開始喜歡一個人時，就會心生懷疑，質疑這份心意真的是愛嗎？還是只是一時的情感？我的心不知所措、游移不定，喜歡的心既陌生又難受。

於是我下定決心，如果將來成為老師，我不會無視孩子喜歡一個人的心，也不會去踐踏他們的情感。希望孩子不是只有在校外教學住宿的飯店、下課時的洗手間裡、在遊樂場的角落談論愛情，我希望他們在家裡的餐桌上、教室裡、散步時，與大人一起探索愛情的世界。

隨著時間流逝，如今我終於可以在教室裡和孩子探索愛情。

我想在開始探索之前，先聽聽孩子們對戀愛的看法。孩子的戀愛，真的像大人擔心的那樣危險嗎？

小學生可以談戀愛嗎？

我問哲學社團裡十一、十二歲的孩子，談戀愛到底是在談什麼？而知晟首先點出小學生談戀愛的問題。

「我周圍有談戀愛的同學中，有百分之九十都是瞞著爸媽偷偷談戀愛。」

「為什麼要隱瞞？」

「因為爸媽不喜歡我們談戀愛。像我，如果談戀愛的話，一定會被罵到臭頭，而且我爸媽還會干涉我談戀愛。」

「所以如果你有女朋友，也會瞞著父母嗎？」

「不，就算被罵到臭頭也要說。不講但被發現的話，可能會因為女朋友的關係和父母鬧彆扭。」

「撇開父母的想法不談，知晟你自己的想法如何？你也覺得不應該談戀愛嗎？」

「對，我反對約會，學生必須念書，談戀愛是沒有責任感的事。」

「那你認為什麼時候才可以談戀愛？」

「戀愛沒有年齡限制，只是我們現在必須念書。」

知晟特別強調戀愛是沒有責任感的事。對於知晟的看法，善惠舉起了反對的旗幟：「戀愛怎麼會妨礙學習呢？這是成見吧？我們有談戀愛的自由。」

曾談過戀愛的善惠聽到「沒有責任感」的話勃然大怒，強調小學生也有談戀愛的自由。知晟反駁道：「有多少自由，就有多少責任。學生的責任是學習，但是有了女朋友就會分心，要不時傳訊息，還要在社群平臺上貼文，這樣一來，念書的時間勢必會減少。」

知晟強調一旦談戀愛就必須時時關心對方，而學生的責任是學習，如果談戀愛，學習的時間必然會減少。

善惠卻不以為然：「即使那樣，談戀愛還是幸福的。」善惠強調的是談戀愛時產生的感情、感受。戀愛確實能激起強烈的情感。我曾經以不記名的方式，對戀愛這一個主題進行問卷調查，其中一題是問孩子們如何知道喜歡上了某人？

一個孩子這樣回答：

「每當看到那個人時，心臟就會悶悶地，還會沒來由地感到揪心。會因爲那個人的一句話而牽動心情，搖擺不定，這就代表喜歡上他了。」

孩子描寫得很生動，讓人完全感受到他喜歡某人的心。就像孩子說的，喜歡一個人的心，可以透過感情的變化來感受。

但是知晟卻說戀愛會妨礙學習，是不應該的。一旦談戀愛，就會關心對方、會占用許多時間，所以和學習不能兼得。

到目前為止，雖然與孩子討論過很多主題，但像這樣意見對立的主題還是第一次。在討論其他主題時，會聽取彼此的意見、改變想法或提出新的想法，但令人驚訝的是，對於戀愛，大家各自的想法似乎都沒有轉變的餘地。

愛是感情還是行動？

善惠和知晟對戀愛的本質有不同的看法。善惠非常重視戀愛會讓人變得幸福的感情變化；知晟卻說戀愛會妨礙學習，是必須給予對方關心的活動。把孩子們探索的戀愛擴展為愛來思考吧。愛是感情？還是行動？對於這個問題，精神分析學家、哲學家埃里希．佛洛姆進行了深入研究。

他的助手芬克表示，佛洛姆「準確無誤地擊中要害，並經常提出深度的問題」，例如「讀什麼書？」「為什麼讀那本書？」「讀了之後有什麼感受？」類似這樣的方式，佛洛姆在《愛的藝術》一書中提出洞察愛情本質的問題。

他首先表示愛並不是感情，而是行動。因為如果愛是感情，就不需要為了愛去學習，因為感情是看到那個人就自然而然產生的。只要出現讓我心跳加速的人，誰都可以去愛。

因此，要成為能夠喚起對方愛的感情的有魅力之人，如何得到愛就成為重要的問題。前面在外貌站，善惠說朋友被喜歡的人甩掉時，會買漂亮的髮夾或幫她化妝，把朋友打扮得漂漂亮亮，因為她認為愛是變漂亮之後就能得到的。

相反的，如果說愛是行動，那麼為了好好行動，就必須磨練技術，會思考應該給對方什麼、能給愛人什麼。

知晟說，如果有女朋友的話就會關心她。佛洛姆也說，如果愛一個人，就會「持續積極地關注」對方。積極關注是需要磨練和訓練的態度，關注一個人就是把精神集中在對方身上，而首先要做的，就是傾聽對方的話。

傾聽並不需要特定的對話主題。即使談論的只是一些小事，例如「兩人都很熟悉的樹的成長」或「剛才一起吃的麵包滋味」，如果「這一刻正在做的行動成為唯一重要的事」並投入，就是給予充分的關注。給予這種愛時發生的驚人變化，可以透過法國的繪本《公車站》看到。

亨利爺爺每天都會獨自坐在公車站的長椅上，這個公車站位在車輛川流不息的複雜十字路口，亨利爺爺總是聽著嘈雜的公車引擎聲、刺耳的剎車聲、人們的腳步聲度過一天。

這天颳著大風，大象寶寶來到公車站，碰地一聲坐在亨利爺爺身旁，沒有一個人關心表情憂愁的大象寶寶，只有亨利爺爺仔細地看著牠，並決定幫大象寶寶找一個可以住的地方。他仔細觀察大象寶寶的表情和動作，發現牠討厭馬戲團和動物園。

他們繞了很久，最後又回到公車站。之後，在下雨的日子裡，亨利爺爺就會邊聽著雨聲邊念書給大象寶寶聽；下雪的日子就一起堆雪人；太陽出來時就一起聞著花香度過。

亨利爺爺一如既往地每天都到公車站，但他的生活卻和以前不同。夜晚沒那麼冷了，人們鄙視的目光也少了很多，像影子一樣跟隨爺爺的孤獨感也消失了。

同樣是颳著大風的一天，一群大象浩浩蕩蕩地來到公車站。是大象寶寶的家人來找牠了。亨利爺爺毫不猶豫地把大象寶寶交給牠的家人。雖然大象寶寶的離開會讓亨利爺爺再次感到孤獨，但大象寶寶真正需要的是家人。

可是奇蹟發生了，大象寶寶並未留亨利爺爺一個人，牠把爺爺放到背上，一起離開。

就像這樣，只要關注對方、傾聽對方、不做對方討厭的行為，就能體驗到真正的愛。

喜歡的人想要什麼都得滿足嗎？

不過關注自己喜歡的人之餘，也會有傷心的事情發生。畢竟對方與我不同，喜歡他的人是我，所以他不會像我一樣容易動搖。當問到喜歡一個人時，覺得辛苦的地方，另一個孩子這樣回答：

「喜歡就會在意，老是看到對方和其他異性在一起時，會覺得很痛苦。」

喜歡一個人，就會持續關注和觀察對方，自然會看到對方與其他異性在一起相處的樣子。那種狀況很難不在意，自然會覺得心累。

韓國童話書《十歲的愛》中，力泉也因為這樣而感到急躁，甚至憤怒。力

泉跟著女朋友海珠一起去練合氣道，在道場見到了海珠的朋友朴成厚。海珠和成厚看起來很熟，親切地互叫著對方的名字，還一起練合氣道。

每每看到海珠對成厚露出燦爛的笑容時，力泉的心臟就會撲通撲通地猛跳。力泉不願獨自承受被破壞的心情，他對海珠說「只要妳喜歡，什麼都答應妳」，條件是不要跟成厚來往。

真的要照力泉說的那樣，對方喜歡什麼都無條件答應嗎？海珠並不這麼認為。當海珠和成厚在吃炒年糕時，力泉走過來叫海珠不要跟成厚來往。

「我喜歡你，就必須要聽你的話嗎？我才不要，我要照自己的想法去做。」海珠說完便表示要和力泉分手。

「海珠為什麼不聽我的話？」力泉不解又難過。他這麼喜歡海珠，也很專心聽她說話，可是為什麼她不能照自己的意思去做呢？

佛洛姆解釋，**因爲愛需要尊重**。尊重是指尊重對方獨特的個性，包含尊重的愛，不會強求對方為我做些什麼，而是支持那個人照自己的方式成長。為了做到這一點，就必須了解對方，要知道對方喜歡和討厭什麼、有什麼感受、用什麼觀點看世界。

後來力泉在偶然的機緣下，和海珠一同在運動場上打雪仗，當下，力泉向海珠道歉，海珠也坦白說當時聽到力泉大聲對自己說話，覺得莫名其妙被斥責才會生氣。力泉這才懂得站在海珠的立場上思考。因為之前他都只想到自己，現在知道了愛是**「超越對自己的關心，以對方的觀點看世界」**。

以前的人都說愛會蒙蔽雙眼，但透過愛，也會產生用別人的立場看世界的新視角。

尊重彼此的心

孩子們的戀愛還有一個需要互相尊重的部分，就是關於性方面的身體接觸。不能因為喜歡對方，就同意對方的要求進行身體接觸。關於這個問題，我也問了社團孩子們的看法。

智厚說：「戀愛的性是大人的行為，我們現在談戀愛的話就像抽菸一樣，太早嘗試可能會有危險，會成為毒藥。」

智厚深知戀愛包括身體接觸，對年紀尚輕的他們來說很危險。異性之間的身體接觸，就像抽菸一樣危險而且是有害的，所以認為應該等到長大成人後再嘗試。

一個以小學六年級學生為對象的研究中，詢問孩子們若談戀愛，在交往期間可以有什麼樣的身體接觸？大部分孩子認為牽手是可以的。參與研究的兒童對小學生談戀愛可接受的身體接觸有明確的標準。

我覺得愛情就像由兩人面對面抓住彼此的胳膊，組成「日」字模樣，再將人抬起來的傳統抬轎遊戲。這項遊戲一個人絕對無法完成，因為有一定的手勢，所以也不能隨心所欲。兩人抓好彼此的胳膊後，得觀察彼此，同時站起來才行，如果一個人先站起來，另一個人就會被拉過來，那搭好的轎子就塌了。

戀愛也一樣，不是單憑一個人的強烈情感就可以實現，需要關注對方、了解對方、尊重對方看待事物的方式和想法。那樣的戀愛就像彼此緊握的胳膊，什麼都可以抬起來，也可以擺脫只為自己著想的狹隘心態，用更寬廣的眼光看世界。

發現新想法的哲學旅行地圖

一，在愛情站遇到的哲學概念：

✓愛 ✓感情 ✓尊重

二，爲父母準備的嚮導提問：

當孩子開始對異性有興趣時，父母也會開始擔心。不妨與孩子聊聊愛是什麼，發掘孩子健康的想法，讓擔心黯然失色。

✓不管喜歡的人想做什麼都要滿足對方嗎？

三，在愛情站中分享的哲學對話：

●**愛是什麼？**

愛是關心對方、傾聽、尊重的行動。眞正的愛會讓人拋開只爲自己著想的心，用對方的眼睛看世界。

● 愛是感情嗎？

愛包含了會讓人心煩意亂、依戀和動搖起伏的感情，但是光靠感情無法維繫愛情。

● 愛需要什麼？

愛需要尊重，尊重對方獨特的個性，並非凡事只爲了自己，也要支持彼此的成長和發展。關於性方面的身體接觸，更需要尊重對方。

● 小學生也可以談戀愛嗎？

只要不做喜歡的人不喜歡的事，支持彼此的成長和發展，當然可以去愛。

第十站　性別：

「偏見會消失嗎？」

在擔任六年級班導師的那一年，我每天在下班前都會在黑板上寫下一個主題。第二天早上孩子們一進到教室，就要依照黑板上的主題，寫一篇短文。

「今天上學的路上看到了什麼？」「今天早上吃了什麼？」「昨天睡覺前做了什麼？」類似這些容易回想的主題，讓孩子想到什麼就寫什麼。而我也可以藉此了解孩子們在想什麼。

有一天，我要孩子們寫下有沒有什麼對老師覺得失望或希望改善的事。我認為這段時間我盡最大的努力關心和尊重班上的孩子，所以充滿自信地訂下了這個主題。

孩子們紛紛把寫好的筆記本交過來，

我看到有「希望老師多讓我們玩躲避球」這類大概都是些預想得到的內容。我逐一看著，突然看到志龍寫的文章，心裡震了一下。

「希望老師可以消除男女差別的偏見。例如女生做錯事時，老師說話還是很溫柔，但對男生就會大聲地說：『喂！不准○○○！』我覺得老師也可以用親切一點的語氣說話，例如『○○啊，可以小聲一點嗎？』我們也就不會那麼怕老師了。

「老師也是女生，我想，對女生偏心是很自然的，但我也希望老師對男生也能一視同仁，讓我們班成爲最棒的班級，這也算是我的心願。」

最後還畫了一個用鉛筆塗滿的心。我一時無法把視線從志龍寫的文章移開。我從未想過班上的孩子會認為我對男女生有差別待遇，反而覺得自己很公平。

我想知道具體在什麼情況下會讓學生覺得有偏見，於是我問班上的孩子：「認為老師對男女有別，因而有被歧視的感覺的人請舉手。」

幾個男孩子舉手了。我問什麼時候有這種感覺，志龍小心翼翼地說，有次在下課時間的走廊上，一邊是女學生聚在一起大聲聊天，另一邊是幾個男學生在嬉鬧。

當時我大聲地對男孩們說：「喂！不要在走廊上嬉鬧！安靜一點！」接著轉過頭對女孩們輕聲說道：「妳們也進教室裡吧。」不過幾秒鐘的時間，孩子從我的話語中感受到男女有別。

當時的狀況我記得很清楚，我對女孩們的聊天態度親切，看到男孩們打來打去卻大聲訓斥。我向孩子們解釋，雖然是開玩笑，但互相推擠畢竟還是有可能會受傷，所以才會對他們的行動比較敏感。

聽了我的話，男孩子的臉部線條還是沒有放鬆。事實上我明明是問孩子們是否感受到歧視感，但我卻只顧著自我辯解。

原本覺得有點不確定和微妙的歧視感成了明確的事實，感覺受到差別待遇的不平等變成了憤怒，湧向另一方。孩子們無法直接對抗有偏見的大人，所以把矛頭指向同齡的另一方。那個學期，班上的孩子明顯區分男女，而且常常起衝突。

就像呼吸一樣，男孩子玩得比較奔放是理所當然的事

我後來才意識到，自己在點燃班上男女對立的「訓斥嬉鬧男生事件」中犯了兩個錯誤。

第一，我沒有理解男孩們好動是很自然的事。和朋友說笑時打打鬧鬧、動手動腳，這對男孩來說，是多麼重要和自然的現象，這可以從靈長類動物學家法蘭斯．德瓦爾的研究得到驗證。

靈長類動物與人類的基因相似度高達百分之九十六，但並未受到人類文化的影響，因此研究靈長類動物有助於闡明人類的生物起源。

德瓦爾發現，年輕的母猩猩會把去除掃帚柄的掃帚頭緊緊抱在懷裡，另一隻手托著底部走動，就像母猩猩抱著小猩猩一樣。他給其他母猩猩洋娃娃，母猩猩也會像抱著小猩猩一樣，細心照顧。

另一方面，年輕的公猩猩就喜歡玩其他遊戲。德瓦爾發現，年輕的公猩猩經常帶著笑容與同類夥伴摔跤、推打、互咬等等。這種「張大著嘴露出笑容，

嘴裡發出嘶啞的笑聲」是很重要的關鍵，因為這代表牠們的行為不是為了爭吵，而是在玩樂。這樣笑著打架的遊戲叫做「打鬧遊戲」（Rough-and-tumble play），純粹是為了好玩。

德瓦爾描述的年輕公猩猩玩耍的樣子，與男孩們在走廊上圍成一圈、互相拉扯打鬧的樣子一樣。在我眼中是一不小心就可能會受傷的危險行為，但對孩子來說，他們只是在玩而已。

而且這種遊戲對身體和情緒發育是必不可少的過程。打鬧遊戲是用身體玩的遊戲，有助於提高心肺功能和肌肉的力量。另外，孩子並非單方面受到攻擊，他們也會瞬間變換攻擊和防禦的位置，有助於調節情緒。

男孩和女孩的玩具也有一些很有意思的差異。在一向強調男女平等的瑞典，針對三到五歲兒童共一百五十二個房間內的數萬個玩具進行調查，結果顯示，兒童會根據性別而喜歡不同的玩具。女孩們喜歡玩偶，男孩們更喜歡汽車和武器。

我的兩個兒子也很喜歡汽車。他們的房間常常傳出吵鬧的聲響，一邊玩玩具車，一邊模仿汽車發動引擎，轟隆作響的聲音，如果有長長的管子，就會放在車頂變裝成消防車。我也為他們買了玩偶和玩偶的家，但玩偶的家成了洗車場，而且還不時有車子會暴衝把房子撞壞。

男女差異確實存在，喜歡的遊戲和玩具也有明顯的差別。但是我並未理解差異，只想壓制由喊叫、推打、身體碰觸組成的男孩遊戲。

我這才理解為什麼男孩們都一副氣呼呼的表情，在他們眼中，互相打來打去、動手動腳的遊戲就像女孩聊天一樣，是表現親密關係的活動。

自古以來女人就該安靜端莊

第二個錯誤是，沒有注意到其實我的腦海中有著根深柢固的偏見，也就是對女孩溫柔、對男孩粗魯。

我回想自己為什麼會這樣？我認為，如果對女孩凶一點，她們可能會鬧彆扭好一段時間；但不管怎麼凶男孩，他們往往一轉身就馬上忘記。所以對我來說，對男孩嚴厲一些，反而比較沒有壓力。

基於這種想法，我在無形中會期望男孩們要「單純」，即使被罵也要馬上遺忘。但是志龍讓我知道，只要是被罵，任誰都會傷心、委屈。

在韓國繪本《我就是我》當中也揭示了人們思想中根深柢固的偏見。

「女子足球選手很厲害啊」這句話裡包含了「女性的體力就是比較差，這種程度已經算很好了」的意思。但一邊踢球，一邊奮力奔跑的足球選手卻說：「不，因為我是足球運動員。」

「家庭主夫」也是一樣，無論是女人還是男人，是主婦還是主夫，都同樣是為了讓家人「舒適、健康、幸福」生活而努力的人。

我問哲學社團的孩子有沒有因偏見而受到歧視的經歷，孩子們爭先恐後吐露累積已久的傷心事。喜歡跑跑跳跳的小娟率先說道：「中午休息時間我也想踢足球，可是男生都不讓我玩，還笑說女生懂什麼足球。」

小娟不僅擅長跑步，體力和反應都很好，玩推拉遊戲也不會輕易被推倒。但因為是女生，所以沒有讓她參加足球比賽。聽了小娟的話，我這才想起體育課總是男女分開活動，男孩們踢足球、女孩們玩躲避球。

接著善惠也分享兩年前在阿姨婚禮上，聽到奶奶這樣說：「女孩子應該安靜端莊一點，坐好！」表哥或弟弟舒舒服服地坐著都沒事，偏偏善惠就得端端正正地坐好。

志厚也有話要說：「小學二年級的時候玩醫院遊戲，大家說好抽籤決定誰當醫師、誰當護理師。我們這組三個人，只有我一個人是男生，結果另外兩個女生就說沒有男生在當護理師的，硬是要我當醫師。」

恩洙也說道：「和弟弟吵架被罵的時候，有時會覺得委屈而掉眼淚，大人就會說『男孩子哭什麼哭？』我聽了心情更差。」恩洙露出無奈的表情，我看了很難過。不管什麼性別都可以哭，為什麼不允許男孩子流眼淚呢？

仔細聽孩子們的分享，就連很久以前發生的事也像昨天才發生一樣記憶猶新，可見受到歧視的經歷會一直深植在孩子心底。

偏見就是隨心所欲地思考

對於在分享過程中一直發洩憤慨的孩子們，我無法當下給予明確的解決方案——老實說，我根本不知道該怎麼解決這個問題。

不過，我決定先和孩子們一起探討偏見是什麼。

善惠說道：「偏見可以完全消除嗎？」

善惠覺得偏見已深入每個人的生活當中，似乎無法擺脫。實際上，偏見卻可以引導我們輕鬆適應這個複雜的世界。在教室裡有這麼多孩子，如果分成男孩和女孩，一分為二，一切都會變得比較簡單。像這樣將複雜的現象中相似的部分捆綁在一起思考的行為，就叫做**「範疇化」**。

我們從範疇化得到很多幫助，例如覺得「男人的力氣比女人大」，那麼在需要搬運重物時，不用考慮太多，只要找男人幫忙就可以了。但若是「男人的力氣比女人大，所以被女人打也沒關係」這種範疇化呢？看到被女孩打後背的男孩疼痛的表情，具有偏見的人卻認為「男人的力氣比女人大，這只是開玩笑罷了」而不以為意，完全忽略任何人被打都可能會感到痛的事實。

像這樣，偏見排除了自己的想法可能會偏向任何一方的狀況。恩洙也分享他認為的偏見：「偏見就是隨心所欲地思考。」

偏見是根據自己的喜好制定範疇來看待世界，將複雜的世界簡單分類，把同類型的事物捆綁在一起。如果不屬於這個範疇，就沒有其他的可能性。

和孩子們一起確認偏見是什麼之後，終於找到了頭緒。

如果說偏見是隨心所欲地思考，那麼為了打破偏見，**人應該嘗試「不舒服」的思考。**

與偏見對抗的武器

為了打破偏見，我決定拿出**地下塊莖**來對抗。地下塊莖是植物根系的一種，也是哲學家吉爾．德勒茲和菲利克斯．伽塔利在《千高原》中提出的哲學概念。

《千高原》是我讀過的哲學書當中最厚重、最難理解的書。儘管如此，我還是覺得地下塊莖可以打破狹隘的思考，所以很想多理解一點。

地下塊莖是德勒茲和伽塔利從植物的地下莖所取得的概念，與樹木深入地底的根系不同，地下塊莖有可能從沿著平行於地面的根部任何一點長出，它錯綜複雜，連哪裡是起點都分不清。山藥就是最具代表性的地下塊莖植物。

德勒茲和伽塔利認為，人類的思維與地下塊莖很相似。人類的大腦根據自己製作的地圖安排外部刺激並製造訊息，大腦神經細胞突觸的形狀也與地下塊莖相似。

試試看像地下塊莖一樣脫離領土的概念思考會怎麼樣？試著脫離男女二分法的領域吧。

學校經常把孩子分為男和女來管控，特別是排隊的時候。

一般上體育課或從教室移動到科學實驗室、英聽教室等特別教室時都會排隊。為了在最短時間內有效率地行動，把孩子分為男生一邊、女生一邊是最快的方法。從一年級開始就被教導遵守規則的孩子們，自然而然地按照自己的性別排隊。分成男生女生，再依照高矮順序排隊行進的孩子看起來井然有序。

但是為什麼要把隊伍分成男生和女生呢？遵守秩序走路與性別無關。於是我推翻「男生一排、女生一排」的規則，改為以「身高」為準的規則。所有孩子不分男女，全都集合在一起，按照身高順序排成兩排。這種做法就像地下塊莖一樣脫離了領土。

這個方法主要用在上體育課的時候。決定身高順序的理由是個子矮的同學排在後面的話，就會聽不到老師說話，也看不見前面。

需要移動到其他教室的時候，我就會伸出左右手的食指。這個動作代表「按照順序排成兩排」，孩子看到這個手勢，就會不分性別地自動排成兩排，依序行進。

有時在教室裡需要搬重物時，不管是新的教科書、美術用品、體育教具，我偶爾會忘記「脫離領土」，說出無心的話：「我需要五個男生來幫忙。」

但是，照地下塊莖的形態思考，並不是只有男性才能搬重物，女性也有足夠的力氣搬重物。於是

我會這樣說：「有沒有覺得自己力氣大的同學，老師需要幫忙！」

那麼不管是男生還是女生，會一邊說「我力氣很大」一邊跑過來。

「哇，你們的力氣真大！謝謝你們的幫忙！」

我會與孩子們擊掌，他們開懷大笑，那神情真是太棒了！所以我強烈建議大家不要隨心所欲地思考，偶爾嘗試看看不舒服的思考，結果也不錯。

脫離領土繪製地圖

再向德勒茲和伽塔利學習另一個地下塊莖型態的思考方式。

這回他們用大黃蜂蘭和黃蜂做比喻。大黃蜂蘭長得酷似黃蜂，因此，黃蜂看到它會想與之交配。藉由這樣的接觸，大黃蜂蘭的花粉就會附著在黃蜂身上，再隨著黃蜂轉移到其他大黃蜂蘭，進行繁衍。

大黃蜂蘭改變形態成了黃蜂，而黃蜂在攜帶花粉的過程中，也化身成為大黃蜂蘭。德勒茲和伽塔利稱此為**「生成」**。

我也可以嘗試生成。並不是必須像男性或女性才能得到同等待遇，只要理解不同之處，反而更可以尊重不同的部分。

站在男孩立場思考時，我可以暫時成為男孩，就能判斷男孩之間的嬉笑打鬧不見得是危險行為，而是一種身體鍛鍊和情緒的調節，那麼在看到男孩玩的時候，就不會激動地大喊「不行」！

反之，如果看到在推擠打鬧中，有人的表情不對勁，就可以判斷行為過當，可以立即介入，避免造成傷害。

「生成－男孩」的範圍可以再縮小成為「生成－志龍」，不把孩子分成男與女，而是視為個別存在。不是所有的男孩都喜歡活動身體玩打鬧遊戲，我兒子雖然喜歡車子，但他也不喜歡玩肢體頻繁接觸的打鬧遊戲。所以「志龍是男生，所以喜歡打鬧遊戲」的想法是錯誤的。

志龍並非身為男孩就一定喜歡玩打鬧遊戲，也不是所有男孩都喜歡打鬧、有動手動腳的傾向。如果我「生成－志龍」，就應該思考「因為志龍喜歡，所以玩打鬧遊戲」。

此外，看到在鏡子前跳舞的小露，也可以嘗試「生成－小露」：「並不是因為小露是女生才在鏡子前跳舞，純粹是因為小露喜歡才跳舞的」。唯有把小露當作喜歡跳舞的個別存在時，才能真正理解跳舞的小露。

多虧了志龍，我才能發現在自己身上根深柢固的偏見。為了消除偏見，我們可以運用德勒茲和伽塔利的地下塊莖概念，但因為我們會根據實際情況進行變相解釋，所以多少會脫離兩位哲學家原本的意思，但我想他們會理解的，因為他們的理念就是要我們脫離領土。

地下塊莖現在也脫離了領土，用力扎根了。如果像地下塊莖一樣思考，就不會把孩子局限在男女的框架內，反而會把他們當作世界上獨一無二的個體看待。而在這種信念下灌溉的孩子，會相信自己扎根的力量，展開結實的枝葉，無限擴展自己的領土。

發現新想法的哲學旅行地圖

一，在性別車站遇到的概念：

✓偏見 ✓像地下塊莖一樣思考 ✓生成

二，爲父母準備的嚮導提問：

如果孩子說「因爲是男生（或女生）所以應該這樣那樣」時，就應該和孩子談談性別了。一起思考偏見是什麼，會在不知不覺中發現對孩子內心深處的性別偏見。

✓有沒有人對你說過「因爲你是男生（或女生）所以應該……」當時你有什麼感覺？

三，在性別車站進行的哲學對話：

●偏見是什麼？

偏見就是隨心所欲地思考。就像把人分成男女的二分法一樣，以範疇思維爲基礎，將複雜的現象中相似的部分捆綁在一起思考，雖然更容易理解世界，卻忽略了具體和個別差異。

●偏見可以消除嗎？

像地下塊莖一樣思考。地下塊莖是在地底下水平衍伸，錯綜複雜纏繞的型態。像地下塊莖的思考，是不要劃分區域，脫離範疇、脫離領土的思考方式。

●還有別的辦法嗎？

還可以透過「生成」，就是站在別人的立場思考和理解，就可以擺脫偏見。

第四章

加深思考，
引導成熟的內心世界

第十一站　幸福：

「可以住進幸福一輩子的機器裡嗎？」

六年五班的班長選舉中，出現了許多有趣的政見，其中惠仁的政見是讓大家在午餐時間可以點歌。在孩子們的支持下，惠仁成功被選為班長。

有一天她帶了一個貼上漂亮彩帶的紙箱，讓大家可以把點歌單投進去。每天中午都從箱子裡抽出一張，在午餐時間播放音樂。

這天大家也邊聽音樂邊打掃教室，突然歌詞竄入耳中。

「幸福是什麼？」

我傾聽著。

「它遍尋不著，同時又無處不在。」

在強烈的節奏中，音符上跳躍著深奧的歌詞。這首歌是志煥點的，歌名就叫做

〈條碼〉，志煥非常喜歡這首歌。

我很好奇孩子會如何理解歌詞。「幸福遍尋不著，卻也無處不在。」這是什麼意思？幸福究竟是什麼？

我提出問題，恩洙像是早已準備好似地立刻回答：「幸福不會自動降臨，而是要去發現。」

恩洙看穿了幸福的核心——如果只是靜靜等待，是不會得到幸福的。即使幸福就在我們面前，但我們閉上眼睛、摀住耳朵，就等於沒有幸福。為了發現幸福，要睜大雙眼、敞開雙耳；為了發現幸福，我和孩子們決定打開耳朵。

幸福的時候會聽到什麼聲音？

「幸福的時候會聽到什麼聲音？讓我們抓住幸福時聽到的聲音吧！」

洪俊抓到的幸福聲音是「呼嚕嚕」，那是吃泡麵的時候發出的聲音。雖然平時不常吃泡麵，但只要聽到電視機裡別人吃到發出呼嚕嚕的聲音，心情就會很好。特別是連鼻尖也凍得發紅的冬天，在家煮一碗熱騰騰的泡麵，呼嚕嚕地大口吞下肚，身體一下子就變暖了。

洪俊的眼前彷彿出現了畫面，拖著瑟瑟發抖的身體回到溫暖的家，煮一碗泡麵後吹著燙口的麵條，一口吃進嘴裡時發出的聲音，呼嚕嚕！滿臉都是幸福的感覺。

恩洙捕捉到的是「嘰嘰喳喳」的聲音，這是和朋友們聊天的聲音。延俊也找到了和朋友交談時發出的「喔！」的聲音。延俊說，當自己說話時，朋友聽了發出「喔！真的嗎？太酷了！」這樣的反應，會讓他覺得很幸福。嘰嘰喳喳說話的時候，朋友們睜大眼睛點頭如搗蒜地表示認同時，也會覺得更起勁。

孩子們捕捉到的幸福的聲音，是「吃」和「對話」時候聽到的聲音，這與心理學家徐恩國教授的發現一致。徐恩國教授表示，我們的大腦覺得最興奮、最開心的瞬間，就是吃東西和對話的時候。

一項針對韓國大學生、上班族、主婦、老人等不同族群進行的調查顯示，人在一天中最快樂的時間，以吃東西和對話的時候最多。

徐恩國教授以該項調查結果為基礎，主張人類**「不是爲了幸福而生活，而**

是因為生活而感到幸福」。也就是說，我們的大腦對能提高生存可能性的行動感到幸福——食物可以消除身體的飢餓，對話可以消除情緒上的需求。只有吃得好、與他人交流，人類才能生存下去。

但是哲學家亞里斯多德說，只做快樂的事情無法幸福。

亞里斯多德出生於西元前三八四年，他的父親是馬其頓王的御醫，他非常喜歡學習，在雅典學院接受了柏拉圖長達二十年的教導。

亞里斯多德對「我們應該如何生活」這個提問這樣回答：「應該幸福地生活。」亞里斯多德所指的幸福是「eudaimonia」，這是善良（eu）的內心與精神（daimon）相協調的幸福。對亞里斯多德來說，快樂並不是幸福。吃好吃的東西和朋友們玩肯定很開心，但僅憑這些不能算是幸福。那麼，為了實現幸福，需要怎麼做？

幸福只有在實踐人類固有的品德時才會實現。品德是勇氣、正義、節制等，是人類具有的德性。例如遇到朋友被別人嘲笑，能夠挺身而出制止，就是實踐勇氣。

「不要取笑他，他覺得很難受啊。」說這句話時並不會感到快樂或高興，可能還會惹毛那些捉弄朋友的人，但是日後再回顧這件事時，會為自己感到自豪。亞里斯多德說，像這樣實踐品德就是一件開心的事。

除了瞬間感受到的喜悅之外，還有可以思考另一個層面的幸福，就是哲學家羅伯特．諾齊克提出的思想實驗──「經驗機器」。

嗶嗶，你想進入經驗機器裡嗎？

如果有一部可以讓你永遠體驗幸福的機器，你會想進去嗎？進入這部經驗機器裡，就能體驗到你想要的幸福。

只要你願意，隨時都可以吃到全世界最好吃的泡麵；會有一群朋友圍在身旁聽你說話，不斷讚嘆及認同你說的話；還可以體驗實現所有夢想，不管是為世界和平付出奉獻，或是受萬人愛戴的經歷。

我問孩子們，想進入機器裡面體驗什麼：「如果真的有這樣一部可以讓我們體驗一切夢想的經驗機器，你想在裡面做什麼？」

知晟第一個回答：「我想去馬卡龍的故鄉法國，大吃特吃我喜歡的馬卡龍。」

知晟的弟弟志厚也回答：「我想住在很大的玻璃房裡養很多動物。房子周圍種滿樹木，後面是大海。」

恩洙歪著頭說道：「不過老師，故事通常並不是只有幸福的結果，幸福故事的結尾應該也會有『懲罰』。」

「哇，你怎麼知道？沒錯，進入經驗機器，會完全忘記現實，忘記身在經驗機器裡。人進入機器裡，大腦也連接機器，一輩子就只有幸福的體驗。」

恩洙聽了縮了縮肩膀說道：「哇，有點恐怖。」

善惠問道：「我有一個疑問……會忘記爸爸、媽媽嗎？」

「在經驗機器裡雖然可以想像在一起，但實際上無法與爸爸媽媽分享這種經驗。因為這是獨自經歷的幸福。」

雖然一輩子都有幸福的經歷，但卻是身體在機器裡、只有大腦體驗的經驗機器。當我再問是否想進入經驗機器時，孩子們搖了搖頭。

智厚說：「想進入經驗機器的人肯定是受到很多挫折的人。對現實不滿足，想忘記一切的人。如果是剛剛展開人生的人，最好還是靠自己的努力來實現夢想。」

「可是努力很辛苦啊，如果進入經驗機器，不用努力就能實現夢想，那為什麼還要努力呢？」

善惠回答了我的問題：**「只有努力才能學到東西。」**

智厚補充說：「人不能不工作。為什麼當國王的都死得早？因為什麼事都有別人幫他做；要吃什麼也有人拿來給他吃，所以才會早死。人們工作，並從中實現喜悅生活。當我們完成一件重要的事之後，不是會感受到喜悅和滿足嗎？所以透過努力來實現夢想比較好。」

智厚說的國王，泛指把所有的事情都交給別人的人。這種人無法過正常的生活，因為克服困難時感受到的滿足和喜悅，是其他任何東西都無法取代的。只有直接面對難關、完成自己背負的重任時，才能感受到智厚所說的滿足和喜悅。

知晟接著說道：「如果只想感受快樂，好像就沒有必要思考我為什麼會來到這個世界，不需要去探討自己真正想做什麼、我為什麼會在這裡。」

沒錯，透過經驗機器感受精心編排的「假幸福生活」，就不需要思考生活的目的、生命的意義。

聽了知晟的話，我想起了卡繆的《薛西弗斯的神話》。

推巨石上山是我的選擇

卡繆是法國的作家和哲學家。一九一三年出生於當時為法國殖民地的阿爾及利亞，父親在第一次世界大戰中戰死，由又聾又啞的母親做清潔工作把卡繆扶養長大。

卡繆在讀公立學校時就展露才能，在老師的幫助下獲得了獎學金，才得以繼續就學。先後創作了《異鄉人》《鼠疫》《吉普神話》等名作，並在四十三歲時獲得諾貝爾文學獎。在頒獎典禮演講中，他將榮譽歸功於幫助他學習的老師。可惜三年後，卡繆就因車禍而離開人世。

卡繆在《薛西弗斯的神話》中提出幸福生活的新觀點。薛西弗斯因犯錯而受到眾天神的懲罰。在「沒有空間和時間」的地獄中，必須將一顆巨石推上山，但好不容易到山頂後，巨石又會再次滾落，他就必須下山，再把巨石推上山，永無止境地反覆著。薛西弗斯已經在地獄了，所以他死不了，只能一直接受懲罰。對於這樣的故事，卡繆說：「絕望的薛西弗斯是幸福的。」

卡繆為什麼說薛西弗斯幸福呢？

因為他把焦點集中在薛西弗斯望著滾落的巨石，再度走下山坡的瞬間。即使明知會是一條痛苦的道路，但是是薛西弗斯自己選擇再次把石頭推上山的。

薛西弗斯並沒有屈服，他並未求諸神免除刑罰，雖然推石頭上山很痛苦、很累，但因為是自己的選擇、自己甘願接受神賜予的刑罰。薛西弗斯成為生活的主人，而滾落的石頭賦予他目的。也就是說，**當我們願意履行來到我們身上的義務時，才能找到生活的目的。**

當然，為了尋找生活的目的，不一定非得搬動沉重的石頭不可。善惠開心地比手畫腳，分享自己的經歷。

幾天前，善惠的媽媽趁天氣好，把枸杞、蒲公英等植物曬乾後，製成各種茶包，還買了十多罐用來存放茶包的小玻璃瓶。善惠主動把那些瓶子全都擦乾淨，但媽媽並未叫她做，這完全是善惠自行賦予的義務。因為喜歡做而做，善惠愉快地完成任務，最重要的是看到媽媽開心的樣子。善惠說著，也忍不住露出笑容。

對善惠來說，幸福就是幫媽媽的忙。她認為經驗機器最大的缺點，就是只能自己一個人享受幸福。

「即使有堆積如山的錢，可以任意買喜歡的鞋子、衣服等，可是然後呢？然後要做什麼？比起只為自己而做的經驗，別人的感謝對我來說更為珍貴。」

善惠認為，與其自己一個人享受幸福，不如看到別人因我而幸福的樣子，更讓我感到欣慰。經驗機器無法實踐克服困難的毅力、探索生活目的的好奇心，以及為他人花費時間的熱忱。

我們內在的積極性

毅力、好奇心和熱忱都是亞里斯多德所說的品德，他提出勇氣、寬容、自尊、親密、機智、正義、節制、希望、溫暖、正直、良心、高尚等十二種品德，這些都是我們生活中必不可少的重要德性。亞里斯多德說，從我們出生的那一刻起，品德就已經存於內在了。

看著我的小兒子，我覺得他從出生以來擁有最好的品德就是好奇心。當他開始會坐之後，就努力伸出小手，想抓住任何東西，確認那個東西的觸感和味道。雖然手小小的，但力氣可不小，有時被他抓到頭髮，還會差點被扯掉。

讓他躺久一點就會生氣，彷彿在抗議躺著只能看見天花板，好像會聽到他邊哭邊說：「這世上有那麼多有趣的東西，為什麼只讓我躺著！」

不只是好奇心，我們與生俱來就已經擁有其他品德了。就像新的智慧型手機買來時，就已經安裝好基本的應用程式，只要有那些基本程式就可以打電話、傳簡訊、上網搜索、安裝其他應用程式等。但如果放著不用就是浪費。

德目	性格情感	說明
知性	創意	獨創思維與行動的特性。
	求知欲	感受到學習新技術和知識的渴望，學習過程中產生喜悅的熱情。
	好奇心	對經驗和現象感到有趣，進行調查和發現的態度。
	智慧	從整體角度考慮，給別人建議的能力。
	開發性	積極探索與自己想法不同的證據，出現新證據時修正自己信念的態度。
仁愛	愛	珍惜和實踐他人親密關係的能力。
	情緒智商	掌握他人情緒，了解在各種情況下如何適當行動的能力。
	親切感	為他人做善事的動機和照顧的行動。
勇氣	勇敢	從威脅、挑戰、痛苦中毫不畏縮、努力克服。
	毅力	不顧難關，做事有始有終，並在這個過程中感到快樂的態度。
	真實性	毫無謊言地展現自己，並對此後果負責的態度。
	活力	對自己的工作和生活有熱情並感興趣。
節制	謙虛	對自己的成就不虛張聲勢的態度。
	慎重	小心選擇，避免陷入不必要的危險。
	寬恕	他人的失誤予以原諒，並給予機會，不會記仇。
	自我調節	適當地調節和控制自己的情感、慾望、行動的能力。

正義	公民意識	為集體利益盡自己的責任和義務的意識。
	公正性	不偏不倚對待每個人的態度。
	領導能力	鼓舞成員士氣，指揮完成各自工作的能力。
超越	感謝	對別人給予的關懷感到感激並想要報答的傾向。
	樂觀性	對未來抱有希望，為實現目標而努力的態度。
	審美眼光	認識美麗和卓越的能力。
	幽默感	喜歡適度的開玩笑，具有讓別人笑的能力。
	靈性	追求人生的最終目的、永恆的意義。

六種品德和二十四個性格優勢

我們也必須適當地實踐品德。做正確的行為才能成為正直的人；做有節制的行動才能成為有節制的人；做勇敢的舉措才能成為勇敢的人……也就是說，我們必須**把有品德的行爲當作習慣**。

當你努力讓品德成為習慣時，就會得到正向心理學的幫助。以亞里斯多德的品德理論為基礎的正向心理學，綜合全世界許多文化中最重視的價值，提出了六種品德和二十四個性格優勢。

在以下表格列出的項目中，有什麼是你特別能打動人心的優點嗎？我們很難同時實踐二十四種性格優勢，但可以在其中找到自己的代表優勢並實踐，這才是通往幸福的道路。尋找我的優勢，代表我更能集中尋找實踐的價值。

我的代表優勢是「愛」。我總是對愛感到好奇，希望生活中充滿了愛。而透過自我檢視，我又重新領悟到要珍惜人與人之間的關係，這也成為我思考如何才能實踐愛的契機。

電虹拍的照片

從恩洙所說「幸福不會自動降臨，而是要去發現的」這句話中，展開走向幸福的旅程。雖然是以「孩子們知道幸福是什麼嗎？」的懷疑而提出的問題，但實際上孩子們已經體驗到幸福，並且正在實踐。

「幸福和快樂有什麼不同？」這是我提出的最後一個問題。

聖恩回答：**「快樂是瞬間的快樂，但幸福是可以被記住的。」**

孩子用一句話，就整理出瞬間感知到的快樂與長久留存的幸福之間的差異。亞里斯多德並非只存在於西元前的希臘，也存在於現代的教室裡。另一個孩子補充說道：「快樂就像在快樂的瞬間拍下的照片，而幸福是在未來看到那張照片時才會感受到的。」

把快樂的瞬間用照片捕捉快樂，在將來回顧那個瞬間時，依然會感到滿足和自豪，就是幸福。聽到這個解釋，我就像在海中遇到了電魟，感覺全身都麻酥酥的。

被電魟電到的感覺似乎不是只有我感受到，下課後，聖恩來到我面前，眼神閃爍著光芒說：「老師，太有意思了。這就是我期待的課。」

我凝視著聖恩的眼睛，這一瞬間，聖恩歡快的聲音和充滿喜悅的眼神，我捕捉下來了。直覺告訴我，不管在未來的哪個瞬間再回顧這張照片，都會感到很幸福。

發現新想法的哲學旅行地圖

一，在幸福車站遇到的哲學概念：

☑幸福 ☑eudiamonia ☑性格優勢

二，為父母準備的嚮導提問：

孩子想得到幸福時，先問問他幸福是什麼。也許孩子已經為自己定義好了。

☑幸福的時候會聽到什麼聲音？

☑如果有部機器可以讓你一輩子都幸福，你會進去嗎？

三，在幸福車站進行的哲學對話：

● **幸福是什麼？**

幸福不是自動降臨，而是要去發現。吃好吃的東西、和喜歡的人聊天……開心的時候才能感受到。

●只有快樂就是幸福嗎？

哲學家亞里斯多德說快樂不是幸福。唯有實踐人類固有的品德，才能實現幸福。品德的實踐也要適度、要堅持，並養成習慣。

●如果想要得到幸福，應該怎麼做？

在正向心理學中，以亞里斯多德的品德理論爲基礎，綜合全世界各種文化中重視的價值，提出了六大品德和二十四種性格優勢。每個人的代表優勢都不一樣，找到代表優勢並付諸實踐才是通往幸福的道路。

第十二站　死亡：

「為什麼一定要死？」

下春雨的某個早晨，民俊帶著蝸牛進入教室。蝸牛可能迷路了，停留在走廊的牆上，被民俊發現。

應該在草叢或樹葉上的蝸牛為什麼會出現在牆上？被孩子們團團圍住，停留在課桌上的蝸牛會有多驚慌啊？蝸牛吐出白色的液體，在課桌上緩慢爬行，圍觀的孩子發出興奮的聲音。

「蝸牛經過的地方留下了痕跡。」

「太可愛了。」

「真的爬好慢喔。」

孩子們對蝸牛的一個個小動作都驚呼不已，最後說道：「老師！我們養這隻蝸牛吧！」

其實在民俊把蝸牛帶到教室那一刻，

我就想養牠。這天正好是和孩子們一同讀童書的日子。這天要讀的是《小章魚》中的一則短篇故事〈喔！特別的一課〉，談的正是飼養小生命的故事。於是我說道：「嗯，飼養蝸牛不是件簡單的事，老師有點苦惱……不過今天我們要讀的書正好講到飼育生命的故事，我們就來試試看吧。」

我們馬上展開調查，尋找蝸牛吃什麼食物、喜歡什麼樣的環境，孩子們的臉像第一次拿起育兒書的父母一樣真摯。緊急準備的透明塑膠杯成了蝸牛的臨時住所。

「老師，我可以把泥土和草拿過來嗎？」

孩子們紛紛跑到校園中庭挖土，過了一會兒，用柔軟的泥土和草填滿的杯子變成了溫馨的蝸牛之家。大家還幫小蝸牛取了名字，名叫「五小蝸」，代表是五年三班飼養的蝸牛。

就這樣，五小蝸展開了與二十四個孩子一同的全新生活。

突如其來的相遇與離別

五小蝸的存在感實在太強了。尚勳從家裡帶來更好的飼養容器、智媛每天都會帶新鮮的生菜、胡蘿蔔和蘋果皮來。為了保持合適的濕度，每天都有人記得用噴霧器幫五小蝸淋浴。

但是經過一個週末，星期一早上來到教室時，我發現五小蝸變得乾巴巴的。幸虧緊急噴水餵食，才又活過來。我對孩子們說：「我們還是把蝸牛放回大自然吧。不然週末放假沒人照顧，蝸牛會很辛苦的。」

「可是我們還是想養牠！」

「那週末怎麼辦？」

「安排蝸牛飼養員怎麼樣？週末就由飼養員把牠帶回家照顧。」

雖然我很擔心小蝸牛，但還是決定相信孩子們。精心照顧蝸牛的尚勳和智媛成為飼養員。一到下課時間，孩子們就會圍在蝸牛周圍，時時關注蝸牛的一舉一動。

尚勳查資料得知蝸牛喜歡安靜的環境，對孩子們說：「蝸牛不喜歡吵，你們安靜點！」但尚動的聲音也不小，我看在眼裡，決定先不動聲色。

蝸牛飼養員尚勳為了要清理蝸牛的糞便，有時必須把飼育箱內的土換掉。就在某天為了換土，尚勳把飼育箱暫時拿走，突然孩子們急急忙忙衝進教室大喊：「老師，蝸牛被踩到了！牠的殼都碎了！」

我的腦子裡一片空白，擔心的事還是發生了。殼破掉的蝸牛完全不進食，第二天就死了。我感到很迷茫，應該如何處理大家一起飼養的蝸牛呢？應該如何讓孩子們理解死亡呢？孩子會接受蝸牛的死亡嗎？

我決定請哲學家伊比鳩魯幫忙。

活躍於西元前三〇六年的雅典的伊比鳩魯表示，死亡並不是壞事。只要我們存在，死亡就與我們毫無關係。

而且，當死亡來臨的時候，我們已經消失了。也就是說，活著的時候沒有死亡，死的時候我們已經不在了，不管是活是死，死亡都與我們無關。

照伊比鳩魯的論述，蝸牛的死亡並不是一件壞事。蝸牛在世時沒有死亡，而死後，蝸牛就不存在了，說來也與蝸牛無關。如果要說死亡不好，就必須要問問感受到死亡的主體——五小蝸，但前提是牠必須在死亡的同時也存在，才能得到答案。

我以這個論點做為武器，裝出一副若無其事的樣子，但是孩子們不同，在死去的蝸牛面前，孩子們毫不掩飾自己脆弱的心情，一起悲傷、一起惋惜。孩子們表達哀悼的第一個程序就是為蝸牛舉行葬禮。

五小蝸的葬禮

五小蝸離開的這天，孩子們在午餐時間過後，揣著裝著五小蝸的飼養箱來到學校中庭。

「老師，我們先去，待會請您也下來。」

我吃完午飯到中庭一看，孩子們已經弄好了一個小墳墓了。在凹凸不平的墳墓周圍，有孩子們親自畫的五小蝸的遺像以及「五小蝸長眠於此」的墓碑。

孩子們為五小蝸建造的墳墓

❶ 五小蝸，有你在的時候真好！對不起，我不會忘記你。
❷ 禁止踩踏
❸ 故五小蝸之墓
❹ 五小蝸在此長眠

他們用樹枝圍在墳墓的周圍，然後在中間插上紫色的小花，再擺上粉紅色的杜鵑花、黃色的雛菊裝飾墳墓。

葬禮由知晟主持：「為紀念不幸離去的五小蝸，請大家一同默哀。」

大家都低著頭、閉上眼，腦中浮現五小蝸的模樣。其他班級的孩子看到了，都說：「第一次看到蝸牛葬禮。」在一旁七嘴八舌圍觀，而五年三班的孩子，卻始終真摯地繼續進行葬禮。

「現在請大家對五小蝸說

一句想說的話吧。」

「五小蝸，有你在的時候真好！對不起，我不會忘記你。」

「要是你沒來我們班，或許可以活得更久……來到我們班，我們沒能保護你，對不起。」

聽著孩子們的告白，我的眼睛刺刺的。這景象與伊比鳩魯說的不同，死亡的確是件壞事，這可以從一個孩子為紀念五小蝸而寫的《告別詞》中得到驗證。

告別詞

五年三班座號十六號　姓名：五小蝸

五小蝸死了。

如果當時沒有被踩到，

五小蝸現在應該玩得很開心吧？

五小蝸走了，感覺空蕩蕩的。

牠在的時候很開心，沒想到現在如此傷心。

如果不是意外造成五小蝸死於非命，那麼牠現在可以在飼育箱裡吃胡蘿蔔汁，並享受濕潤的噴霧器淋浴，有更多的時間享受這個世界給予的祝福和愛。因為生命給予的祝福被奪走，而認為死亡是殘酷的觀點是為「剝奪理論」。哲學家雪萊・卡根也這樣主張。

伊比鳩魯說，死亡並不可怕，因為人不可能與死亡同時存在。但是卡根主張，實際上沒有發生的事也會讓人有不好的感受。

想像一下卡根拿了兩張彩券要我選一張，我猶豫了一下，選擇了左邊的彩券，剩下一張卡根自己留著。

週六開獎後發現，我中了四獎五萬元，我用那些錢買書覺得很幸福。但後來我才知道，卡根中了頭彩二十四億元。如果我選擇的是右邊的彩券，那麼我不就成為二十四億頭彩的得主嗎？

這麼說來選擇左邊的彩券是相對不好的事，但因為無法同時選擇兩張彩券，所以選擇一邊就會消除另一邊的可能性，也就是說，沒有發生的事，也就是與我未同時存在的事，就成為了壞事。

同樣的角度看生與死，死亡相對來說是壞事。因為如果沒有死，就不會奪走我能夠享受的生活中的好事。雖然死亡來得越早，感覺時間就會被奪走更多，但即使五小蝸沒有發生意外而是自然死亡，牠的生命還是被奪走了，因此死亡是一件壞事。

人生有活下去的價值嗎？

根據剝奪理論，死亡奪走了充滿祝福的生命，是不好的。但是，雖然人生有值得祝福的時候，別忘了痛苦的瞬間也確實存在。如果人生不再只有祝福，而是充滿痛苦，就會想以死亡來結束。

以下是一個孩子投書到《五三烤肉》雜誌向五三諮詢所吐露的苦惱：

「雖然我沒有在別人面前表現出來，但是老實說，最近天天跟我姊吵架，偶爾也會有想一死了之的想法，我該怎麼辦？」

一想到如果是我們班上的孩子有什麼說不出的苦，甚至到了想自殺的地步，我的心情就很緊張。正在思考該怎麼回覆時，突然想到為什麼這孩子把想死的念頭告訴五三諮詢所？

傳達自己想死的心情，從另一層面來看其實是想活下去，請求幫助的呼喚。每次和姊姊吵架時，都感覺存在的價值被破壞，很想問問世界，到底有什麼理由必須活下去呢？

即使痛苦，也要堅持不死的理由是什麼？

我們的人生有什麼價值？我讀著童書《哭過，心痛，但永不止息》，向孩子們請求幫助。

披著黑色斗篷的「死亡」為了帶走奶奶而來到家裡。死亡有一雙深陷的眼睛、大大的鷹鉤鼻，臉色蒼白。他坐在廚房裡，有著粉紅色臉頰的孩子牽起「死亡」細長又蒼白的手。

孩子為了不讓死亡帶走奶奶，一直倒咖啡、拖延時間。就像班上的孩子為了救活殼破掉的五小蝸，帶來新鮮的胡蘿蔔和白菜一樣。

死亡緩緩地說起故事。

在很久很久以前，「悲傷」和「眼淚」生活在山谷中，那是一個陽光照不到的黑暗地方，連住在那裡的豬的表情也很陰沉。而在山坡上住著「喜悅」和「笑容」，那裡與山谷的風光不同，總是陽光明媚，充滿五顏六色的花朵。

儘管如此，喜悅和笑容還是覺得有些不足。有一天，這四個人相遇了，悲傷和喜悅、眼淚與笑容各自結為連理，成為密不可分的關係。

講完故事後，死亡問孩子。

「如果沒有死，生還有什麼意義？如果沒有下雨天，會知道感恩陽光嗎？如果沒有夜晚，就不會期待早晨了吧？」

死亡讓我們對有陽光而感謝，在迎接早晨的過程中發現生活的意義。因為有那些辛苦和害怕的事，才能真正感受到快樂和幸福的意義。

我也像死亡一樣問孩子們：「覺得沒有死亡，活著很好的人是什麼樣的人？」

善惠想到了一個成功的人。

「擁有自己想擁有的一切、有能力可以實現一切，可以透過努力取得成果，並因此而感到滿足，那種人是能夠享受快樂的人。但是我覺得那種人死的時候會比一般人更傷心、更空虛。因為雖然實現了一切，死亡卻結束了這一切。」

死亡之所以可惡，是因為會帶走人在活著的時候實現的東西。善惠說，成就越多的人，失去的東西越多，就會越傷心。但是，並不是所有人都能實現自己的願望。

我又問道：「那麼，無法實現的人又如何呢？對於失敗的人來說，死亡會比較好嗎？」

「不是的。事實上，世界上經歷失敗、一無所有、無法實現願望的人可能比想像多更多。我認為實現自己目標的人只有極少數。但是失敗了可以重新開始。」即使經歷了失敗，也想重新站起來是非常不容易的事。

我請善惠舉個例子。

「比如像什麼呢？」

「例如在美術比賽上得到倒數第一，但可以一邊反省這次的作品少了什麼，一邊加強學習。經歷失敗，肯定有值得再學習的地方。如果成功了，卻不再訂立目標，那麼之後就沒有事情可以做了。但是失敗了，就會產生想要做得更好的意志。」即使經歷了失敗，但克服失敗的心也可以成為生活的意志。

智厚也分享自己的看法。

「下雨天不是濕濕冷冷的嗎？但是下雨天並非全然不好。上週六雨下得很大，我和家人淋著雨在公園的林蔭道上走了一萬多步。因為都沒有人，所以可以摘下口罩走路，感覺很好。」

「哇，一定覺得空氣格外清爽吧！不過走那麼久不累嗎？」

「走著走著就覺得餓了，雖然覺得餓，不過還是一邊走一邊討論『等一下可以吃大餐了，真棒』，心裡充滿了期待。所以餓也可以成為好事啊！」

善惠和智厚說，即使失敗了或遇到惡劣的天氣、飢餓，生活仍然可以很好。

聽了智厚的話，善惠說道：「這個世界沒有毫無意義的生活。每個人的人生都有各自的意義。」

這世上沒有什麼事是沒有意義的

善惠和智厚的話讓我想起了哲學家威廉．詹姆斯，他也認為所有的人生都有意義，所以不能隨便判斷別人的價值。

詹姆斯於一八四二年出生於美國紐約的富裕家庭，他就讀哈佛大學，後來成為教授。但他一直對生活感到悲觀，不斷思考自殺問題，因此後來他開始研究拯救自己人生的哲學。

對於詹姆斯來說，生命的意義是在以感官可以經驗的世界中，由自己創造出來的，必須活下去的理由不在這裡，而是在別的地方尋找。

如果能夠向「豐富到沸騰而發出噗嚕噗嚕聲響的世界」敞開自己的心，並感受快樂，那麼人生就有意義。

從這個觀點來看，智厚也過著有意義的生活。在下著雨的林蔭道上，可以感受到雨滴與皮膚的接觸，在肚子餓的同時還可以期待要吃什麼。

就像善惠說的，每個人的人生都有各自的意義，我們在各自的生活中能感受到的快樂都不同，這就是我們不能隨意判斷別人感受到的生活意義的原因。

詹姆斯認為，動物的生活也有其意義。雖然我們與狗很親密，但對於「籬笆下的骨頭、樹木或路燈的氣味帶來的迷惑」，我們一無所知。

另一方面，詹姆斯也批評盲目追求快樂的樂觀主義者。

他認為要以有意義的生活結果享受快樂，而不是邊享樂邊尋找生活的意義。我們生活的世界肯定存在著痛苦，因此如果認為生活價值只存在於幸福當中，這是很危險的。因為當遇到不幸時會無法接受，一心只執著於用幸福的條件來充實人生。

詹姆斯還說，與生活帶來的痛苦對抗也具有重大意義，痛苦和苦難反而會強化我們對生活的熱情。

詹姆斯透過在肖托夸湖度過的一週，講述沒有痛苦的生活是多麼可怕。位於紐約的肖托夸湖附近的村莊，是個想要什麼都可以得到的地方。

在露天音樂廳可以聆聽七百人合唱團的歌聲，可以參加賽艇、游泳、騎自行車等所有運動，可以聽到各個領域的專家演講，還可以喝到不斷湧出的碳酸泉水。在那裡沒有犯罪、傳染病、貧窮、醉漢，換句話說，是一個沒有痛苦的人類社會。

但矛盾的是，一週後，詹姆斯回到原來居住的城市才感到安心。他表示自己無法生活在「沒有危險的可怕世界」。

如果一切都讓人覺得滿意、舒適、和平，就不會產生強烈的渴望。

我也有過類似經歷，大約在五年前，在夏威夷凱魯瓦海邊，我望著日升日落，享受短暫的休假。迎接橙色太陽搖曳在柔和的

波浪上，在那飽含濕潤水氣的海風吹拂下做瑜伽，我覺得人生再也沒有什麼可奢求的。

在一貫的日常生活中，我每天都得和孩子相處、對話、讀哲學書、教學、挑選給孩子們閱讀的書……這些事讓我對生活感到茫然，心中浮現「有必要活得那麼努力嗎？」的疑問。

但如果每天在夏威夷的海邊做瑜伽，過著悠閒愉快的日子，我就沒有機會參與智厚樹立人生價值觀的一刻。

差不多要下課時，智厚說：「我的人生目標不是高中、大學、工作、結婚，而是死亡。我會努力活到死的那一刻。大家的目標都是賺錢、進大公司，但我不是，我要努力活到死。」

「怎樣才算是努力生活？」

智厚把手輕輕放在腹部回答道：「死後不是會進棺材，然後這樣把手放在腹部嗎？我的曾祖母曾說，『在躺進棺材上，把手放在胸口之前，要享受並熱愛你的生活。』我認為那樣應該就是努力的人生吧。我也要那樣生活。」

智厚的未來像全景圖像一樣展現在眼前。他所描繪的不是因為別人都說好而進入大公司苦苦掙扎的生活，而是他認為對自己有意義、進入自己選擇的職場，感受工作樂趣的生活。

即使遇到苦難也不會受挫或崩潰，而是擁抱苦難成為人生的一部分，再昂首向前走。我凝視著智厚的眼睛好一會兒。

我想長久記住這一刻。我感覺到世界充滿了意義、充滿了噗嚕噗嚕的聲音。

下班時經過中庭，看到五小蝸的墳墓上比中午多了許多花，在昏暗的中庭裡，摘下來的花也逐漸枯萎，與五小蝸一起迎接死亡。某天突然出現在我們班上的蝸牛，讓人想起了「我們都會死」這個事實。五小蝸的存在和死亡，讓我思考了活著帶來的祝福。

五小蝸以不過像手指甲一般大的身體，緩慢爬過我們的心，卻刻下了堅韌的痕跡。**這個世界上沒有什麼東西是沒有意義的。**

發現新想法的哲學旅行地圖

一，在死亡站遇到的哲學概念：

☑ 剝奪理論　☑ 人生意義　☑ 樂觀主義者

二，爲父母準備的嚮導提問：

寵物死亡時，或是在新聞中看到死亡報導時，可以趁機與孩子談談死亡。生總是伴隨著死，關於死亡，有太多可以討論的。

☑ 死了我就不存在於人世間了，那麼死爲什麼不好呢？

三，在死亡站進行的哲學對話：

● **死亡是什麼，爲什麼不好？**

死亡必然會襲擊活著的一切，是不存在於這個世界上的型態。根據剝奪理論，死亡會奪走生命的祝福，所以對人類不好。

●爲什麼一定會死？

生活並非充滿祝福，即使失敗和痛苦，只要發現意義，就值得活下去。只有敞開心扉去感受快樂，接受苦難的瞬間，才能找到意義。

●一定要有開心的事才能活下去嗎？

哲學家威廉・詹姆斯批評了只追求享樂的樂觀主義者，認爲人必須用有意義的生活結果享受快樂，而不能邊享樂邊找尋生活意義。

第二部

若想和孩子一起開啟哲學之旅

和孩子們一起的哲學探險愉快嗎？
覺得哲學太難了嗎？
請不要擔心，因爲哲學是「對話」的過程，
若能知道如何與孩子對話，
那麼，進行哲學對話就一點都不難。

檢視家庭對話的類型

平時都怎麼和孩子聊天呢？透過下面的清單可以了解家人的對話類型，確認需要什麼樣的對話。

A	○ 和孩子談話很愉快。 ○ 等孩子說完話，我才會說自己想說的話。 ○ 孩子有話要說時，我會暫時放下手邊的事與孩子對話。 ○ 和孩子對話時，會專心傾聽，不想別的事。 ○ 每天和孩子專注對話十分鐘以上。
	兩個 ☑ 以下→沙漠型。 三個 ☑ 以上→請前往 B。
B	○ 孩子會對我傾吐苦惱。 ○ 孩子會與我分享他有興趣並投入的事。 ○ 我很了解孩子有哪些好朋友、有什麼特點。
	一個 ☑ 以下→好奇心型。 兩個 ☑ 以上→請前往 C。
C	○ 有些事我會與孩子一起做。 (例如每天一起吃早餐、運動、一起計畫家族旅行、睡前看書) ○ 不只會和孩子進行日常對話，也會討論書籍、電影、生活價值等不同主題。
	一個 ☑ 以上→對話內容充實型。

●沙漠型↓二二三頁

沒有對話的家庭，氣氛就像沙漠一樣冷淸。即使有，大多也只是像「作業寫好了沒？」這類單方面的詢問或指示。要了解並練習該對孩子說什麼、不該說什麼、對話時應該用什麼態度，培養正確的對話習慣，打好基礎。

●好奇心型↓二三三頁

因爲孩子不太吐露心聲，所以父母常常不知道他們在想什麼。尤其青春期的孩子，在學校與同學嘰嘰喳喳，回到家卻一句話也不說。若想打開孩子的心，就需要累積信任。透過認眞傾聽孩子說話的練習，可以充分建立信賴關係。

●對話內容充實型↓二四一頁

家中總是洋溢著愉快的對話氛圍，每次與孩子交談後心情會變得很好、很輕鬆，會成爲彼此的力量。堅持並持續與孩子一同做一些事，可以培養「我們」的共同體感受，超越日常對話，愉快地走向哲學對話。

第五章

與孩子愉快地對話

一・沙漠型：

如何讓對話持續？

很多父母會很好奇孩子今天在學校過得怎麼樣，卻總是無從得知，如果能在孩子放學回來時直接問最好，但常常問了，孩子回答得也很簡短，以至於對話無法順利進行。

「今天在學校還好嗎？」

「嗯。」

「怎麼了？」

「還好。」

「和同學們玩得開心嗎？」

「開心。」

不管大人如何引導，孩子都只會簡單回應，不會再多說什麼。其實站在孩子的立場，雖然在學校玩得很開心，但也沒有什麼特別的事，所以就也沒什麼好說的。

如果對話無法進行，許多父母和孩子的聊天內容就會變成「今天的作業是什麼？」再用「先寫完功課再玩」「回到家先去洗手，再吃東西」等指示性話語來填滿。

為了引導孩子的行動，提出指示是必要的，但如果和孩子的對話大多充滿了必須做的事、必須學習的事，那麼，孩子的心只會離你越來越遠。

抓住珍貴的瞬間：「今天最棒的事？」

這時若選擇換個問題，對話就會變得容易——**「今天最棒的事是什麼？」**

智利作家路易斯．賽普維達的小說《讀愛情故事的老人》中，出現了生活在亞馬遜叢林的蘇瓦族。蘇瓦人每天晚上都會圍成一圈，互相問候、分享智慧，彼此守護。

「今天過得怎麼樣？有什麼好事嗎？」在滿天星斗的夜空下點燃篝火，傾聽彼此如何度過一天，是蘇瓦人選擇的生活方式。因為，在到處都隱藏危險的叢林裡，相互信任、依靠、團結一致比什麼都來得重要。

我把每週五的最後一節課訂為班會時間，某天，在班會上詢問孩子們：「覺得這個星期有什麼特別好的事情發生嗎？」大家分享各自覺得很棒的事，空氣中瀰漫著溫暖的氛圍。

振宇說：「民俊在換座位時幫我擦桌子，我很謝謝他，也很開心。」

當週星期一大家換了位置，振宇把對同學的感謝足足放在心裡五天才傳達出來。聽到振宇的話，民俊嘻嘻嘻地笑了，我想以後如果振宇對民俊犯了什麼小錯誤，民俊應該也不會太在意吧？

我在家也會問兒子：「今天最棒的事是什麼？」睡前躺在床上是討論這個話題的最佳時刻。在溫暖的被窩裡動動腳趾，感受彼此的體溫，談論這一天讓自己感到開心的事，嘴角會不由自主地露出微笑。

某天晚上，疲倦像猛獸一樣襲來，我累到忘記進行睡前的聊天時刻，一心只想趕快哄孩子入睡，結果反而是孩子先向我提出問題。

「媽媽，妳今天有什麼很棒的事嗎？」

雖然房間一片漆黑，但我還是能感受到兒子臉上浮現的笑容，他的提問似乎為疲憊的一天提供了一盅甜甜的糖漿，只要在苦澀的黑咖啡中加入一勺糖漿，咖啡就會瞬間變得香甜順口。在一天的尾聲加入一勺「今天最棒的事」，和孩子的關係肯定會更加融洽。

當然也會遇到充滿期待地提問，卻換來「今天沒有一件好事」的回答。要回想起美好回憶也是種需要練習的技術，這種時候父母可以先示範。

「今天有什麼好事嗎？」

「今天的好事？一件也沒有。」

「真的嗎？太可惜了。我想想，今天天氣冷，霧霾又很嚴重，所以整天都沒有出門、待在家裡，可能就沒發生什麼特別的好事吧？不過早上醒來沒有流鼻涕讓我覺得很開心，因為這幾天媽媽不是因為鼻炎很難受嗎？」

「說的也是。」

「還有今天中午吃的炸醬麵很好吃！」

「啊，對！今天最棒的事就是吃了好吃的炸醬麵！」

父母先點出日常生活的細節，孩子自然而然會開始談論自己。剛開始或許會很難，但如果每天累積這樣的對話，即使父母不問，孩子也會自己打開話匣子，說得沒完沒了。

出現狀況時，詢問「發生什麼事了嗎？」

生活不可能每天都只有好事發生，常常也會有出問題的時候。如果從老師或鄰居媽媽口中得知孩子在學校惹麻煩了，該怎麼辦？或是放學回到家的孩子看起來心情低落或是生氣、哭泣呢？當發現孩子和平常不太一樣時，父母會不知所措。

如果孩子和平時不同，可能代表他面臨了某些問題。家長們首先要做的就是**幫助孩子「站在自己的立場」說明情況**。這是解決問題時，非常重要的第一步，因為孩子如果在這時關上了心門，就無法進入下一階段。

如果孩子正在哭泣或看起來很生氣、情緒激動，先等一等，讓他的情緒平靜下來，好幫助他理解和表達自己的情緒，才能看清問題。

「發生什麼事了？」

問這個問題時，要注意態度不是像警察辦案那樣，以掌握事實為目的的態度，而是以「媽媽（爸爸）不太清楚」的姿態詢問，因為發生狀況的當下，父母並不在場，所以應該退一步詢問。

就算已經從鄰居媽媽、班導師或其他同學那裡聽說了，但他們都是站在各自的立場上陳述，所以還是必須仔細傾聽親身經歷這一切的孩子的陳述，聽聽他的看法及感受。

有一段話可以當作有效傳達父母心意的魔法咒語：**「我知道你不是一個會無緣無故做出那種行爲的孩子，你一定有自己的理由。」**這段話可以幫助孩子探索自己為什麼會那樣行動。

媽媽：「班導師今天打電話來，說你和同學吵架了。可以告訴我發生了什麼事嗎？」

孩子：「沒什麼啦⋯⋯（迴避）」

媽媽：「嗯⋯⋯媽媽認爲你會和朋友吵架一定是有理由的，因爲你不是一個會隨隨便便跟人起衝突的孩子啊！所以我想聽聽看當時發生了什麼事。」**（以「我不太清楚」的態度，探索屬於孩子的理由）**。

孩子：「是她先取笑我的，我一直說不要用那個綽號叫我，她還越講越大聲，所以我才忍不住跟她吵了起來。」**（讓孩子站在自己的立場說明情況）**。

站在別人的立場上思考：「朋友會有什麼感覺呢？」

當然不是只聽孩子的說法就能掌握情況，因為如果無條件相信他，孩子就會失去站在他人立場上思考的練習機會。當不同的立場發生衝突而產生問題時，正是一個好機會可以學習觀察與自己不同想法的人的心理。

現在進入第二階段，一定要和孩子分享這樣的問題：**「你當時怎麼做？」「當你〇〇的時候，對方有什麼感覺？」**引導孩子站在對方的立場思考。

媽媽：「我知道你很討厭那個綽號，但同學還是一直故意那樣叫你，你一定很生氣吧？所以你怎麼做？」**（探索孩子的行爲）**。

孩子：「我叫她不要再說了，可是她都不聽，所以就往她的後背拍了一下……」

媽媽：「你覺得當你拍打對方後背的時候，對方會有什麼感覺呢？當時她是什麼表情？」**（幫助孩子站在他人立場著想的提問）**。

孩子：「她皺起眉頭，好像很痛。」

媽媽：「被打的話會很痛，所以無論如何都不應該打人喔！」

站在朋友的立場上思考時，孩子才能掌握自己行動的結果。因為委屈而發怒的孩子，在意識到朋友會因為自己的行為而痛苦時，也會流露出嚴肅的表情。

「知道」不能打人和深入**「思考」**為什麼不能打人的孩子不一樣。要告訴孩子不該做哪些行為的最好方式，就是讓他站在他人的立場上思考。

主動思考：「有沒有更好的方法？」

為了讓孩子正確克服經歷過的問題，需要找出在類似情況下能夠應對的其他解決方法。可以問問孩子「有沒有更好的方法？」，一起尋找其他應對方式。

媽媽：「你因爲被同學取笑而難受，對方被打也覺得很痛，你們兩個人應該都不好過吧？」
孩子：「所以才會吵架啊。」
媽媽：「那有沒有什麼可以不用打人，又可以叫同學不要取笑你的方法呢？」**（探索解決方案的提問）**。
孩子：「跟老師說？」
媽媽：「這個方法不錯。但如果老師不在怎麼辦？」
孩子：「等老師來了再說。」
媽媽：「能這樣想很好。我們再來一起想還有沒有其他好辦法。」

努力尋找更好的解決方法的同時，孩子也可以培養自行解決問題的能力。如果他想不到其他方法，父母可以適時給予建議，在他嘗試新方法後，再問問他有沒有學到什麼，傾聽孩子的感受。

像這樣不斷提出問題並引導對話，可以幫助孩子更有邏輯地思考行為所帶來的結果、造成了什麼問題、有沒有比原本的行動更好的解決辦法，逐步培養孩子學習在發生問題時，應該如何行動。

二・好奇心型：

如何才能聽到孩子的心聲？

在日常生活中很難和孩子對話，或者總是話不投機半句多，那要怎樣才能進行哲學對話呢？當然不是說句「今天來進行哲學對話吧」就能馬上展開，就像我也不會在開學第一天和孩子們見面，就馬上進入哲學對話。

首先還是要從日常對話開始，而對話的起點則是**「營造氛圍」**。在無法盡情表達自己意見的高壓氛圍中，只要不問孩子的意見，就算說了也不當一回事，把孩子之間的對話都當作是爭吵，久而久之，孩子不僅不開口，連心也會關起來。

若想營造能夠讓孩子有自信地表達意見的氛圍，需要一個特別的過程，也就是**累積信任**。

我的存在、我提出的意見和情感都能被接受的環境中，就會產生信任。因此在教室裡必須建立及維持傾聽孩子聲音的意志。

在家庭中，父母和孩子之間也需要信任，才能進行健康的對話。因為孩子不會隨便就對大人傾訴自己的真實想法，他們會本能地察覺到對方是否能讓我安心地吐露心聲。除了觸覺、嗅覺、味覺、視覺、聽覺這五感之外，孩子還具備了可以洞察他人本來面貌的感受能力。透過這種能力，可以判斷出對方是溫暖坦率，還是對自己毫不關心、不真誠的人。

孩子會動員所有感知能力去探索對方，唯有通過測試的人才能聽到他們隱密的心聲。

挖掘孩子心聲的話

孩子提出自己想法的同時，可以瞬間看出大人到底有沒有用心傾聽，如果大人是真心的，孩子會放心地侃侃而談。但實際上許多父母很難全心全意傾聽孩子說的話。

「為什麼要守信用？」
「為什麼一定要寫作業？」
「為什麼不能說謊？」
「人死了會怎麼樣？」

孩子們提出的問題中，有很多是很難當場回答的，即使是大人，也無法明確知道所有問題的答案，因為就連大人自己也都走在尋找答案的道路上。

但是如果有一天，孩子突然提出已經許久都沒有想過的問題時，那一刻就是培養孩子表達想法的絕佳機會，只要好好把握，就可以進行充實的對話。

就像一把土裡包含了許多肉眼看不到的營養素一樣，一閃而過的一句話可以讓孩子相信自己、訓練培養出自己的想法。

反過來說，無意中說出的一句話也可能會讓人不再提出任何疑問。如果父母過去總是對孩子的提問毫不在意、不曾認真回答，也不用過度擔心，只要稍加改變，就能幫助孩子表達想法。以下就來介紹如何把「讓孩子停止思考的話」，轉換成「提出想法的話」。

● 「將來等你長大了就知道。」

↓ 「其實我也不太清楚，讓我們一起尋找答案吧。」

當孩子提出問題時，不知不覺就說出「將來等你長大了就知道」這句話，代表只想敷衍了事、蒙混過關。

仔細想想，即使上了年紀，還是有很多不懂的地方。只有抓住問題深入思考，才能知道答案。

對於不知道該怎麼回答的問題，可以坦承不知道答案，再提出一起尋找答案的邀約，那麼孩子會很樂意牽起父母的手去尋找答案的。

● 「去問爸爸／媽媽。」

↓ 「有些問題現在沒辦法馬上回答，我們一起慢慢地想吧。」

跟孩子說去問爸爸或媽媽，其實並不是因為爸爸或媽媽真的知道答案，實際上就跟「等你長大了就知道」一樣，只是拖延罷了。

「去問爸爸／媽媽」這句話會教孩子依賴他人的權威，遇到不知道答案的問題時，只會依賴覺得比我了解更多的人。

人唯有自己尋找答案時，才能真正學到東西，這就是慢慢深入思考的態度。即使是無法立即找到答案的問題，也要經歷試錯並堅持到最後，才能在這個過程中培養毅力。

●「現在不知道也沒關係。」
↓「哇，你已經有這種想法了！我有時也會很好奇。」

當孩子提出超齡的問題時，父母會習慣用「你現在不知道也沒關係」來迴避，但這樣的回答會阻礙孩子的想法進一步成長。

誰能正確定義什麼年齡應該有和不應該有的想法？八歲的孩子也會很想知道生命是如何誕生的、為什麼有死亡、為什麼在學校要遵守那麼多規定。人生，隨時都會出現問題。

這時先放下為了給孩子答案而焦躁的心情，仔細看看讓孩子好奇的生命本身，以及他所發現的生活多樣面貌，你會忍不住讚嘆。

● 「現在是想那個問題的時候嗎？」

→ 「喔，眞是很好的問題。不過現在有必須做的事，所以你可以先把問題記下來，有機會再談。」

孩子一天的行程非常緊湊——放學後就要去補習班，回家寫作業、吃飯、洗澡、上床睡覺，每天都很忙。但突然出現「我為什麼要學習？」「我是什麼樣的人？」這些問題，會讓一切都停止。當孩子靜靜地坐著思考時，在大人眼中可能會覺得他們在偷懶。

看著孩子發呆的樣子，父母自然希望孩子能有輕重緩急，先做完該做的事之後再思考。在這種情況下，可能會用「現在是想那個問題的時候嗎？」來強迫孩子中斷思緒。

但是，這時應該先肯定孩子提出問題、認同問題的價值，可以趁機讓孩子試著判斷事情的優先順序，問問他「現在應該先完成的事是什麼？」如果不能馬上回應孩子提出的寶貴問題，但又不想放棄成為對話的機會，那就請孩子先寫下來，貼在顯眼的地方，找個時間再討論吧。

●「我的想法是……」

↓「你覺得怎麼樣？」

對於生活中的重要價值，將父母的想法和生活中的重要價值傳達給孩子是很重要的事。父母經過反覆試錯，好不容易才學到的事物，是任何人都無法取代的。

但是再好的故事，如果對方只顧著說自己想說的話，那麼對話就會失去生命，成為單方面的教導或指示。

和孩子對話的時候要經常問「你覺得怎麼樣？」並側耳傾聽，這樣他才會願意將自己的經歷和感受講出來。

●「不是，不是那樣的……」

↓「原來是因爲這個原因啊，不過我的想法是……」

聽孩子說話時，會很想把孩子的想法引導到父母認為對的方向。孩子的話還沒說完就急著反駁：「不是，不是那樣的……」反駁孩子的話需要高超的技術，要想幫助孩子進行多面向的思考，就必須進行反駁。可是如果盲目地說

「你錯了」，那他就會失去對話的想法。

所以為了讓孩子知道「我有在聽你說的話」，可以先幫忙把重點抓出來，然後告訴他還可以從哪些層面去思考。

●「好啦，知道了。」
↓「你說得沒錯！」

如果持續反駁彼此的想法，有時會出現孩子沒說錯的情況，這時大人可能會心不甘情不願地說「好啦，知道了」來含糊帶過，因為覺得輸給孩子很不甘心。

請放下面子，讚嘆孩子的邏輯，並承認：「你說得沒錯！」對話的目的並不是為了一爭高下，而是要幫助孩子活出自我。就豪爽地承認「你說得沒錯！」當個有寬大心胸的帥氣大人。

三．對話內容充實型：

從日常對話擴展到哲學對話

「媽媽，為什麼每天都會有早上？」大兒子三歲的時候，某天突然在睡前這樣問我。

對我來說，早晨的到來是理所當然的事，但在孩子心中，每天一覺醒來，太陽就會升起是一件很神奇的事。孩子就像旅行者，每天都用第一次到陌生國度的好奇眼光在看待世界，所以會發現被大人忽略的東西。

身為父母，應該多少都被孩子問過各種荒唐問題吧？其實，以這種問題進行的對話就是哲學對話，它一點也不難，你可以從日常生活的瑣碎對話開始，例如「為什麼每天都有早上？」「為什麼天空是藍色的？」孩子們對圍繞著自己的巨大世界有很多好奇之處，只要抓住孩子的好奇心並提出各種問題，就可以開始進行哲學對話。

不過一旦接到這類問題，父母當場也會不知所措，心裡想著「我也不知道」，便默默忽略問題，可是如果迴避孩子的提問，那麼蘊含在其中的想法種子就會原封不動地被埋藏起來。

孩子上小學、大概八歲以後，就會漸漸不問問題了。這並不是說他們沒有疑問了，只是沒有適當的時間和場所可以提出問題並對話。

我問哲學社團的孩子對「死亡」有什麼疑問，這些孩子像等了許久似的，紛紛提出問題。

「死亡是什麼？」

「死亡與生存相反嗎？」

「為什麼人一定會死？」

「如果人不會死，世界會變成什麼樣子？」

雖然這些問題很難回答，但提問的目的也並非想得到正確答案，而是想藉

由好奇心來幫助孩子更深入了解自己的想法，以及這個對他們來說還不知道有多大的世界。

哲學家伯特蘭．羅素表示：「哲學是因不想在焦急或武斷的情況下回答問題而開始的。」當孩子提出很難回答的深奧問題、不知道該如何回應時，只要和孩子一起讚嘆這個世界的驚奇之處就可以了。

在進行哲學對話時，父母不必非找出正確答案不可，只要掌握孩子提出的問題，再提出新的問題，並詢問「你覺得呢？理由是什麼？」孩子早已經在學哲學了，只是大人沒有注意到而已。

孩子利用全身的感知能力，探索這個巨大而陌生的世界。父母幫助孩子相信自己、盡情感到好奇和學習思考，這就是哲學對話的核心。

讓哲學概念成為哲學對話的主題

先了解哲學所涉及的概念，就能牢牢抓住重要的問題。例如孩子好奇「為什麼每天都要寫作業？」這個問題就可以發展成「為什麼要遵守規則？」的對

領域	核心問題	概念
知識與生活	為了成為我人生的主人，應該怎麼做？	學習、我的生活、自由、哲學問題
價值	對人類來說，好的生活是什麼？	美好的生活、幸福、美麗、友情、勇氣、愛情
社會	人類為了和諧共處應該如何行動？	權威、語言、道歉、防禦、性別

可以和孩子一起操作的哲學概念

話。規則也是哲學涉及的重要概念之一。

概念是**「爲想法加工的材料」**，如果馬上就掌握概念，那麼它就具備能夠好好思考的材料。有十個樂高積木的孩子，與只有一個的孩子可以蓋的房子有很大差異，若能了解哲學中涉及的概念，就如同擁有很多樂高積木。

那麼，可以和孩子一起操作的哲學概念有哪些呢？大致可以分為**「知識與生活」「價值」「社會」**三個領域。

我們可以說，知識和生活是「哲學」的出發點，因為哲學並非「特定領域的專業知識」，而是透過探討哲學的過程，解決在生活中遇到的迫切問題後獲得的結果」，所以這個領域的核心問題是：**「爲了成爲人生的主**

人，應該做什麼？」可以用學習、我的生活、自由等概念為主題。

我和孩子們一起學哲學時，談論最多的就是「價值」，在價值的基礎上會再問到「什麼樣的生活才是好生活？」也就是說，對於想要過好生活的人來說，必須實現的重要價值是什麼。

價值具有兩面性，每個人的優先順位也都不一樣，所以這是非常個人化的，但也有些東西是所有人共同重視的，包括好的生活、幸福、美麗、和平、友情、勇氣、愛等。

最後的社會領域則討論「為了人類的和諧，應該如何行動？」人在與他人建立的關係中生活、產生矛盾、尋找解決方案。在此過程中可能遇到的哲學概念有權利、權威、外貌、語言、道歉、防禦、性別等。

從教科書中尋找哲學概念

在義務教育中，也有可以和孩子一起尋找哲學概念的好材料，那就是「道德課」（注：臺灣爲「生活課」）。

道德教科書以自我、他人、社會、共同體、自然的關係為基礎構成內容，以「我」開始的同心圓逐漸擴大，直到思考自然。

如何從道德課本中找到哲學概念？方法很簡單，就是查看每個單元的第一頁。例如韓國小學三年級道德課第一單元是「我和你，我們一起」，在第一頁中介紹學習內容，主要關鍵詞反覆出現了「朋友」「友情」，因此在這個單元學習的哲學概念就是友誼。

只要仔細查看道德課本的單元介紹內容，就能知道現在應該學習的哲學概念是什麼。

在韓國，從小學一年級到六年級，按照年級學習的哲學概念如下表。將這些概念整理成書，所涉及的三個哲學概念就是「知識和生活」「價值」「社會」。

學年	知識與生活	價值	社會
一年級	約定、思想、生活習慣、學習習慣	友情、尊重、感謝、關懷、勇氣	禮節、統一、尊重生命
二年級	安全、健康、感情、我的夢想和才能、生活習慣、學習習慣	感謝、關愛、開放性、尊重、可持續性	規則、約定、合作、自然、尊重生命
三年級	感情、忍耐、責任感、家庭	友情、關懷、尊重、愛、幸福、節制、開放性	公益、規則、尊重生命、解決問題
四年級	道德生活、誠實	正直、尊重、幸福、孝心、關懷懷、寬容、美麗	禮儀、合作、偏見、統一、多樣的文化
五年級	感情與需求、網路生活、反省	誠實、肯定、版權	禮節、解決矛盾、人權
六年級	自主的人生、正確的人生和道德反省	公正、和平、幸福	分享和奉獻、統一、解決地球村問題

韓國小學道德課本中的哲學概念

活用哲學概念

可以在哲學對話中充分利用哲學概念，如果把哲學概念當作北極星，以「探索概念的意義」為目的，哲學對話就會更容易。

第一，找出孩子提出的模糊問題，或是孩子所處的問題情況與什麼樣的哲學概念相連繫。舉例來說，如果讓孩子在上課時自由創作故事，很多人的結局都會寫到世界滅亡。在和孩子們學哲學之前，我也很難理解為什麼他們總會想到世界毀滅，但是對孩子來說，世界走向盡頭是很重要的問題，這與「知識與生活」領域中，我的生活與哲學問題的概念相連結。

第二，詢問那個概念是什麼。當孩子提出「如果世界滅亡了會怎麼樣？」時，不要驚慌失措，可以問問孩子「世界由什麼組成？」「結束意味著什麼？」「結束是好還是壞？」再傾聽孩子有什麼驚人的答案就行了。

再舉個例子，當孩子週末起床後，就開始滑手機，一直到快午飯時間都未見停止，這時不要生氣地說：「你要玩到什麼時候？」不如運用「美好生活」的哲學概念和孩子對話。

關於美好生活的提問，可以結合智慧型手機：「整天滑手機，對你有什麼好處？」「有沒有其他活動可以代替？」「怎麼做才是適當地使用手機？」詢問孩子的想法，他也會給你有智慧的答案。

第三，尋找以哲學概念為主題的童書。有時會突然被問到概念是什麼而不知該如何回答的問題，這時可以和孩子一起讀和哲學概念相關的童書，跟著書中的內容提問即可。

到目前我們仔細了解了簡單運用哲學概念的方式，下一章將詳細闡述哲學對話的原則，可以檢驗對話的方式。

第六章

讓孩子好奇心湧出的三階段哲學對話法

第一階段　傾聽：

「孩子的話有什麼意義？」

孩子偶爾說出的意味深長話語中，會隱藏著哲學的種子，大人可以把握機會，抓住那顆種子並開始進行哲學對話。

為了讓種子能夠順利發芽，需要營造愉快的對話環境。要怎樣才能掌握孩子所說的話，讓他能開心地說出自己的想法呢？

很簡單，就是**好好傾聽**。你覺得沒有挑戰性嗎？但其實傾聽是非常高難度的技術。回想一下最近與孩子的對話，你是否有全神貫注地在孩子身上？當時腦子裡只有思考孩子說的話嗎？我相信每一位大人都很難完全集中精神地聽孩子說話。

如果孩子說話時咳嗽，你會擔心他是不是感冒了？會分心想「他的作業都寫完了嗎？」而最多的情況應該是想著要如何回答孩子的問題，也就是煩惱「我要說的話」。

這不是父母的錯，因為人思考的速度本來就比說話的速度快多了，比起孩子說話的速度，大人腦子裡的想法跑得更快，所以常常會分心。所以，要尋找孩子話中隱藏的意義，首先要集中於說話的內容。

如何避免思考速度勝過孩子說話的速度？以下介紹幾種方法。

●「可以再說一遍嗎？」

如果在對話過程中分神了，請不要假裝全神貫注，直接請孩子再說一遍，若是不在意而忽略，總有一天會露餡的，因為孩子一下子就可以察覺到大人游移的眼神、轉向另一邊的視線。如果請孩子再說一遍，他一定會願意的，因為這表示大人不想錯過自己說的話。

「我剛才沒有聽清楚，抱歉，你可以再說一遍嗎？」就這樣說，孩子會理解的。

●你說話的時候，我的眼裡只有你

我們在對話的時候，身體也會說話，有時用身體表達甚至比言語能傳達更多的意義，把身體微傾向孩子，並不只是單純為了證明自己正在聽。

「孩子有話想對我說，現在就把身體和心都向孩子敞開吧！」在心中默唸這句咒語，當身心都準備好的狀態下，會更容易集中精神聽孩子說話。下面為大家介紹幾種「身體語言」的展現方式。

第一，放下手機，看著孩子的眼睛，把肩膀朝向孩子。這就像在打開房門之前的敲門動作，告知對方我們的對話要開始了。

對視是向說話的人表達情感和尊重的重要表現，因為我們的注意力很容易分散，會不經意地把目光轉向客廳的電視、手上的手機。因此為了避免被干擾，對話時最好暫時關掉電視、放下手機。

肩膀的方向也跟視線一樣重要，開始對話的時候不要只把臉轉過去，要連肩膀也朝向說話的人，盡量與對方的肩膀在同樣的高度。當你專心聽對方說話時，身體會自然傾向對方。

第二，開放的姿態。如果眼睛和肩膀的方向可以表達對說話者的關注，那麼胳膊的動作就會表現出我們的情緒。當兩隻胳膊抱在胸前，就算是正面相對，也會感覺你的心是關著的；兩手扠腰會有一種「我倒是聽聽看你有什麼話要說」的強勢感覺。

我在與孩子對話時，如果發現自己在不自覺間雙手抱胸，就會默默地把一隻手伸出來摸摸下巴，像在思考的樣子，也會邊聽邊把想記住的話寫在筆記本上。

第三，不打斷對方，時而默默點頭或輕輕地說「嗯」「原來如此」。當孩子暢所欲言時，我們只要像背景音樂一樣，給予一點信號就足夠了，這一點信號會帶給孩子這樣的含意：「繼續說，我很想知道你的想法。」當孩子感受到自己被支持繼續說話，會不斷湧現新的想法。這是只有認真傾聽的大人才會收到的禮物。

尋找蛋黃：發現隱藏的意義

如果充分集中於孩子說的話，那麼現在應該可以掌握隱藏的意義。把對話比喻成蛋，雞蛋有蛋白和蛋黃，孩子的話也分為可觀察的部分（蛋白）和隱藏的部分（蛋黃）——孩子的用詞、表情、身體動作等顯露的部分是蛋白，而話語中真正想傳達的意義就是蛋黃。

蛋黃和蛋白連在一起，才能成為完整的蛋，因此我們要好好觀察，理解孩子表達的意義，才能進行完整的對話。

不過也不需要到字字斟酌的地步，主要在進行哲學對話時，需要特別用心理解孩子想表達的意思。

「良好的傾聽技術」是能夠把對方說的內容概括整理，並照實表達其本意。但通訊學專家格林漢．博迪表示，比起原封不動地還原對方說的話，不如在理解之後，以其他話語覆述對方的話，會讓說話的人更能產生被支持的感覺。

以下就以博迪的論點為基礎，分享好好聽孩子說話的三個階段。

第一階段：概括內容。
第二階段：站在孩子的立場解讀。
第三階段：掌握隱藏的意義。

由十一、十二歲孩子組成的哲學社團裡，我們以「何謂學習」為主題進行哲學對話。我想先聽聽孩子們的學習經驗，於是我問道：「坐在書桌前念書時，是什麼樣的心情？」

智厚首先發言：「心裡想著如果不聽話，就會被媽媽罵。」

善惠也補充：「這些書總有一天會念完吧？」

美星則從另一個角度分享：「如果將來想成為醫生，不是應該好好學習嗎？所以應該也有人是為了實現夢想而學習。不過現在的我們大多是不想被媽媽唸，所以才乖乖看書的吧？」

智厚沉思了一會兒又說道：「我有時會有這種想法，自己下定決心『好，我真的應該好好念書了』，偏偏這時候媽媽突然劈頭就唸我『還不快點去看書！』我就會瞬間有種『唉，算了』的感覺。我在報導中看過，韓國科學技術院的教授對於『為什麼韓國沒有生產疫苗？』這個問題表示，韓國學生和教育者普遍缺乏創意、被困在框架裡。學生沒有主導性的學習能力，而是被強制接受社會壓力而學習，所以個個都像機器人一樣。因為缺少主動思考和解決問題的訓練及能力，所以在疫情期間無法自己研究和生產疫苗。我聽了那位教授說的話之後，真的有同樣的感覺，學校這樣的教學方式讓我感到很失望。」

智厚一口氣把自己的想法說出來，我應該在這一大段話當中找出蛋黃來，就從第一階段「概括內容」開始。

●第一階段 概括內容：

「韓國科學技術院的教授表示，韓國是塡鴨式教育，缺乏主導性思考的學習，這樣的結果造成在新冠疫情期間，沒有能力自行研究及生產疫苗。」

第一階段的重點是抓出孩子話中的核心。這個階段了解重要的事實，但還不知道那個狀況對孩子有什麼含意。

●第二階段　站在孩子的立場解讀：

「原來包括你（智厚）在內的韓國學生，都沒有主動思考、解決問題的能力，是因爲一直以來都是在壓力下被強制要求學習，所以感到很鬱悶啊。」

第二階段「站在孩子的立場解讀」，要進一步理解話裡包含的情況、情感、想法等。站在智厚的立場來看，他對韓國的教育現況感到鬱悶。那麼接下來應該就可以嘗試尋找話中隱藏的意義了。

不過光憑智厚的話還不夠，於是我向其他孩子尋求幫助：「智厚認為學生是被強迫學習的，你們有什麼看法？」

美星說：「大人總是說學習是為了我們好，一定要我們做自己不想做的事，我覺得壓力很大。」

善惠從夢想的角度切入：「每個人都有夢想，如果學習可以幫助完成夢想是再好不過的事了，不過，希望成為美容師的人和希望成為法官或律師的人，他們要學習的東西就不一樣啊！」

為了引導反駁意見，我又再提問：「如果夢想改變了怎麼辦？」

美星想了一會兒，提出一個圓滿的答案：「所以基礎學習還是必要的。」

聽了美星的話，其他孩子都點了點頭。我又再進一步，把最前面的問題「坐在書桌前念書時，是什麼樣的心情？」改成「以什麼樣的心情學習會比較好？」引導孩子們探索對策。

智厚提出了答案：「即使學習很辛苦、很困難，但為了讓自己更上一層樓，我想我還是會好好學習。」

經過這一長串的對話，現在終於找到智厚話中隱藏的意義了。

●第三階段　掌握隱藏的意義：

「因爲覺得自己是被強迫學習的，所以很痛苦。我希望學會如何主動思考、自己解決問題的能力。不論如何，都必須先學好基礎知識，所以就算再辛苦還是要念書，因爲只要過了這個階段，就可以更上一層樓。」

結束當天的對話後，智厚領悟到自己對學習的真正想法，也找到另一個發展的方向，收穫良多。孩子們雖然每天都到學校念書、學習各種知識，但能夠真正思考學習的機會卻少之又少。

傾聽孩子的話並按照概括、解讀、尋找隱藏意義三階段，就能幫助孩子清楚認識自己的想法和生活。

第二階段　提問：

「該怎麼提問呢？」

充分聽孩子說話、在必要時提出問題，就能順勢引導哲學對話。要特別注意的關鍵是**「我提問是爲了好好聽孩子說話」**。

對話不是寫作業，所以提問的目的不該是確認孩子有沒有正確了解什麼。

大人首先要做的是在一旁支持他、讓他可以充分表達自己的想法，也就是說，父母應該抱著「我想好好理解孩子想法」的心態提出問題，對不理解的部分可以再反問、對需要補充的部分請孩子說明。以這種提問方式，幫助孩子探索自己的想法，漸漸地就能主動思考。

以下介紹四個可以幫助引導孩子思考的問題。

●尋找根據的提問：「你為什麼會這樣想？」

和孩子們進行哲學對話時，我問最多的問題就是「你為什麼會這樣想？」這個問題問的是思考的理由，可以引導孩子尋找自己主張的想法依據。

這天是和智厚「午餐約會」的日子。我每天中午都會跟一名學生一起吃午餐邊聊天。這天智厚戴了副新眼鏡。

我說：「智厚，你開始戴眼鏡了。我覺得很適合你。」

智厚笑嘻嘻地回答：「是啊！同學都說我戴眼鏡看起來很聰明。」

「是啊，智厚是滿聰明的。」

說到這裡似乎可以停止對話了，但仔細想想，同學們的話中似乎隱藏著「戴眼鏡就很聰明」的想法。於是我問智厚：「不過同學們為什麼會那樣想？戴眼鏡的人真的都很聰明嗎？」

「不是的。戴眼鏡是因為看了很多書，視力才變差。不過好像也因為如此，才會認為戴眼鏡就是很聰明的偏見。」

智厚發現了同學的想法是偏見。我很好奇是基於什麼根據，所以再深入詢問。

「或許是偏見吧。不過你為什麼覺得『戴眼鏡的人很聰明』是偏見呢？」

「因為我沒戴眼鏡時，功課就很好啊。」

「沒錯！智厚不管有沒有戴眼鏡，都很認真學習。」

孩子充滿自信的模樣看起來真的很棒。智厚從自己的經驗中找到戴眼鏡和功課好不好沒有絕對關係的事實。

●尋找定義的提問：「○○是什麼？」

在哲學對話中，我最喜歡的問題是「○○是什麼？」在對話的過程中若遇到障礙，我會針對孩子話中的抽象概念進行提問，堵塞的部分就會被突破。抽象的概念不是觸手可及的具體性質，所以若能確切掌握其中的意涵，就能發現繼續進行對話的思考根源。

聊天中，我問智厚對「偏見」的定義。

「你覺得偏見是什麼？」

「類似處於某種框架中的狀態吧。就是不想知道其他與我不同的想法。」

「那如果你一直待在框架裡，可能會不知道自己身在何處。」

「對啊。從框架外看的話，會覺得關在框架裡頭一定很悶。」

我把對話中的「偏見」這一個抽象概念提出來，引導智厚講述自己對偏見的想法。

我很喜歡尋找定義的提問還有另一個理由，就是這個提問可能會成為哲學對話的主題。例如「學習是什麼？」「自由是什麼？」「愛情是什麼？」等這些關於人類重要價值的問題本身就是一個哲學主題。

尋找定義的提問並沒有正確答案，在哲學中，關於「〇〇是什麼」這種問題，就跟人類歷史一樣古老。這也代表沒有人知道正確答案。

因此，在不追究對錯的情況下，讓孩子盡情發揮，你會從中感嘆他們小小腦袋裡的驚奇想法。

●立體思考的提問：「如果……的話，會怎麼樣？」

找到了根據，就可以舉出其他事例來反駁孩子的想法、刺激思考。方法就是用「如果……的話，會怎麼樣？」來詢問在其他情況下是否也適用原本的主張，在這樣的刺激之下，可以擴大並加深孩子的想法。

我和智厚繼續針對如何打破偏見進行對話。

「你覺得怎樣才能打破阻礙我們思想的偏見框架呢？」

「大人不是都說『知識就是力量』嗎？我覺得要帶著好奇心，努力去了解『喔，原來他是那樣想的啊，也是有可能會有人持相反看法的』。就像這樣。」

智厚強調要努力了解不同的意見，不過並不是每個人都可以落實這種態度。於是我又問：「的確是。不過如果對方說你是個沒有主見的人，該怎麼辦？」

「想了解與自己不同意見的人，不是沒有主見的人，應該是具有包容力的人吧！」

「對，沒錯。不是沒有主見，而是具有包容力的人。」

智厚的一席話，讓我豁然開朗。

●尋找事例的提問：「可以舉個例子嗎？」

在哲學對話中經常談論到抽象的概念，所以用「可以舉個例子嗎？」的提問，就能與生活經驗連接起來。詢問孩子能否舉出具體的事例，可以幫助他們以現實狀況為基礎，仔細分析思考的依據。

我又問智厚，什麼樣的人有包容心。包容力雖然是我們必備的能力，但具體來說，在什麼情況下才會發揮呢？智厚說了則故事。

「朝鮮時期有個有名的丞相叫黃喜。有一天他府裡的兩位奴婢因意見不合起了爭執，其中一位奴婢去向黃喜告狀，訴說自己的委屈。黃喜聽了之後說『妳說的沒錯』。另一位奴婢也過來說明自己的想法，結果黃喜又說『妳說的也沒錯』。黃喜的妻子在一旁看了，不解地說：『那個丫頭的話沒錯，這個丫頭的話也沒錯，那到底誰的話才是對的？』結果黃喜說：『妳這麼說也沒錯！』」

「我知道，這是一段關於黃喜丞相很有名的軼事。黃喜傾聽兩方的說法、不偏袒任何一方，兩位奴婢也覺得繼續吵架白費力氣，於是就不再吵了。這正符合智厚說的發揮包容力吧？我想，在曾實踐包容力應該沒那麼難。

像這種尋找事例的提問，可以讓我們找到曾實際發生的故事，並領悟到這樣的故事也可以在生活周遭發生。

第三階段　發現：

「用哪一本書來對話呢？」

哲學對話只是交談，時間一久，孩子可能會感到無聊或覺得困難，因此我在進行哲學對話時常會同時使用童書、繪本。不過很多父母的第一個反應可能是：「我家小孩不看書啊！」

童書作家丹尼爾・貝納表示，「閱讀」這個動詞在命令句型裡起不了作用。如果對孩子說：「快進房間看書！」會怎麼樣？孩子會走進房間，坐在書桌前，打開書本但腦中卻在想別的事，或是看沒兩頁就開始打瞌睡，而在房間外的大人並不會知道這個情形。

讓孩子喜歡看書最好的辦法就是**親子共讀**。一起看書，並由父母親自朗讀，不管身在何處，都會神奇地隔絕外在的騷動和噪音，形成只屬於親子的安全又溫馨的空間。

在這個空間裡，孩子腦中會生出許多哲學問題，因為幾乎所有童書或多或少會與哲學有關。不需要每次看書時都要進行哲學對話，只要孩子盡情沉醉在書中，就如同浸淫在哲學裡了。

那麼現在只剩一個問題：「要看什麼書？」挑本能讓孩子產生好奇心並沉迷其中的書，就是父母的工作。

我有一陣子是手邊有什麼書就給孩子看什麼書。曾經唸過韓國傳統故事《糞如雨下》給十二歲的孩子們聽。一般孩子聽到糞如雨下的故事就會哈哈大笑，但是這群孩子卻從頭到尾帶著認真的表情聽故事。

在糞從天而降的高潮情節中，我的聲音也不自覺高亢了起來，但孩子們還是非常專心地聆聽故事，當時的我也有種真的置身於糞雨下的感覺。

那天以後，我一直思考如何選擇適合與孩子一起讀的書。我查了圖書館和許多機構的推薦書目，但資料庫實在太龐大，一時之間，很難找到適合孩子的書。於是我決定自己來，針對能讓孩子感興趣並一起對話的書，制定了三個標準：**有趣、有周邊效益，還有可以產生問題的書。**

●有趣的書：

第一個標準是我自己也覺得很有趣的書。念書給孩子聽的時候，孩子聽到的不是我說什麼，而是態度。如果連我自己都覺得沒意思的書，卻硬要說「真的很有趣」，孩子馬上就會知道是謊言。

相反的，真正有趣的書，就算只是拿在手上，孩子們也可以憑藉我的表情、眼神知道這是本什麼樣的書。用越來越快又高頻率的聲音分享自己看這本書的心得：「我為了一口氣看完還熬夜了呢！」孩子也會跟著我的頻率一起感到快樂。

為了找到有趣的書，就需要多看。我買了許多書，堆滿教室裡的書架。在我們班教室的一個角落設立小小圖書室，取名為「哲學圖書站」。漸漸的，孩子們開始從哲學圖書站借書，甚至還整理出最受歡迎的排行榜。

孩子喜歡的書和我喜歡的書有許多相似之處，其中，最受大家關注的是關於「愛情」的書，要借出之前還得先猜拳以排順序呢！

●有周邊效益的書：

第二個標準是雖然只是一本書，卻有豐富的周邊效益。意指除了書的正式內容之外，書的封面、書腰、作者介紹、排版設計等都能帶給孩子啟發。

例如繪本，其大小版型也有學問。「這本書為什麼這麼長？」「這本書為什麼只有手掌大小？」可以引發孩子的好奇心。

封面也有很多可發掘的東西，例如用色、圖畫、字體等，若能吸引注意，就會想繼續看下去。在封面和封底的每個角落、書腰上，都有編輯精心摘錄的核心文字，可以就這些內容和孩子聊聊有沒有打動人心的部分。

作者介紹也是很有意思的部分，因為可以看到特別的經歷，可能會對作者產生好奇，也會在作者之前寫過的作品中發現更多想讀的書。

另外，像一些已經拍成電影、搬上舞臺的原著作品，或像童詩、童話等不同體裁的書，也是周邊效益很豐富的書。

《奇蹟男孩》就是一本這樣的書。不只被拍成電影，還出了繪本。能夠將孩子想像的故事轉化為視覺的呈現，是一件很棒的事。

●可以產生問題的書：

第三個標準不是單純的問題，而是可以產生「與生活有關的問題」的書。在這裡介紹《小章魚》這本繪本，裡面的故事就如同我們五年三班的孩子，每天會在教室、補習班、住家附近經歷的狀況一樣。其中〈喔！特別的一課〉中，書中的孩子會根據校長的指示飼養或種植各種生命：五年一班養鯉魚、二班養雞、三班種辣椒、茄子和番茄。但是本應在雞籠裡的雞卻跑出來，破壞了農地，於是孩子們開始爭吵。

主角小燦在特別課程中坦率地寫出了自己的想法：「珍貴的生命之間發生爭執，不知道該怎麼辦。」那篇故事最後就以這個疑問結束，我一時不知道接下來該如何進行課程，於是問班上的孩子：「生命會因為自己比較重要而吵架嗎？」

道俊說：「生命之間發生爭執不是因為覺得自己比較重要，而是因為覺得自己得生存下來才能養活家人，所以必須捕食其他動物或植物。」

道俊看著書中吃著蚯蚓的雞，表示想到上班賺錢的父母，覺得爸爸媽媽為了孩子真的很辛苦。我沒想到平時開朗活潑的道俊也會有這麼深刻的想法。

像這樣提出關於生命的問題，可以引導孩子挖出埋藏在心底的深刻想法。因此找到一本可以提出問題的書很重要。

書中有提問

也許有些父母對讀完書後該怎麼提問感到茫然，以下再介紹幾個適用於各種類型書籍的萬用問題。

●提出對書的想法：「你覺得這個故事和場景怎麼樣？」

如果一下要孩子說出對全部內容的想法會很困難。要引發內心的想法需要墊腳石，可以針對書中某一則故事或某個場景討論，就是很好的墊腳石。

先問問孩子印象最深的內容或場景是什麼，如果孩子答不出來，父母先分享自己最有感覺的部分，然後再一起重看一遍那個章節，問問孩子有什麼想法，他就會比較容易說出自己的感受。

●連接孩子、生命和書的提問：「你也有過這樣的經歷嗎？」

有一個問題可以將書與孩子、生命連接起來，就是看完主角的故事後，問問孩子有沒有過類似的經歷。

如果直接問「有沒有想做好某件事，卻發現做不到而傷心的時候？」孩子會比較難聯想，或是不想說出來。但如果以書中人物為藍本，例如主角因為遇到某個困難不能實現願望而感到傷心，但傷心過後選擇再次挑戰。孩子看完後會得到共鳴：「原來不是只有我這樣啊！」就更願意分享自己的故事。

將書的內容與生活結合，孩子會逐漸建立起自信，也會更願意嘗試，自然就很難放下書了。

●從「這本書中最重要的一句話是什麼？」來找尋對話的主題

從書中描寫的具體場景，連接到自己的生活經驗，接下來就可以尋找主題了。尋找主題是抓住關鍵內容的重要工作，唯有知道核心是什麼，才能藉此擴展自己的想法。

尋找主題可以從書中的重要文句開始。思考重要的文句比思考主題簡單多了。孩子所發現的重要文句往往與生活的重要價值有關，例如友情、愛情、幸福、自由等概念，而這些價值與哲學概念是相連的。

從書中找出哲學概念，並對這個概念發表意見的孩子，可以累積豐富又牢固的想法。

後記

世界由天空、雲彩和太陽組成

哲學巴士現在要奔向旅程的終點了。我想問，在這一路上多采多姿的風景中，你對哪些特別感到印象深刻？我很好奇也很期待大家新發現的想法種子會長成什麼樣貌和顏色。

其實我猶豫了很久才決定推廣與孩子們一起學哲學。因為當媽媽之後，發現真的有很多事情要做，孩子的要求時時刻刻都在進化，他們想要我的一切，而在我回應的同時，發現自己對生活的欲望似乎消失了。

如果身為父母的我們知道人生是如此艱難的一條路，但還是勸孩子接近哲學，豈不是加重他們的負擔？

但我想，如果不堅持，和孩子一起度

過的生活還能有什麼樂趣呢？我想擺脫凡事要快、要好的壓力，放慢步調，守護著孩子可以用開放的眼睛看世界，不放過在日常中的任何一個小片段。

孩子的雙眼每次都能讓我重生並深刻感覺自己活著。一次與大兒子散步時，問道：「世界是由什麼構成的呢？」

「世界？」

「嗯，我們生活的這個世界。」

我揮動手臂，作勢想涵蓋周圍的一切。孩子沒有馬上回答。想想，對一個四歲的小孩來說，這個問題太難了，於是我補充：「汽車由輪子、發動機、車窗組成。那你覺得我們生活的世界由什麼組成？」

孩子現在好像明白了，蹦蹦跳跳地說：「天空！」

小小的身軀一蹦一跳，指著又高又藍的天空。接著又興奮地喊：「雲，還有雲朵！還有太陽！」

孩子對自己的答案很滿意，開心地笑了。我們一起仰望天空、雲彩和太陽——無論何時都在那裡，讓我們活著的天空，雲彩和太陽，它們讓我想起許多讓我活著的必要存在。謝謝我親愛的韓松和父母，我唯一的弟弟還有兩個孩子。因為有他們，讓我在任何角落都能發現新道路。

這本書得到許多如同天空、雲彩和太陽一樣的人幫助，才得以出版。是金丹菲總編輯發現了我的手稿，才讓這本書誕生；是編輯協助發現了許多孩子話語中隱含的意義。有大家的支持，我才能在這條路上盡情迷路，再重新創造道路。感謝幫書取名的金善植代表、設計版面的設計師、插畫家桂南老師，以及在版權頁上的所有人。想到讀了無數遍的原稿、為了製作出更好的書而不斷開會的場面，我知道自己不是一個人，真的非常感動和安心。

感謝教我如何與孩子分享心靈的金光洙、金有美教授，以及讓我了解與孩子一起讀書是多麼有趣的申賢熙老師。謝謝我在教室落淚時，會在下班回家前特地過來拍拍我肩膀或請我吃飯的同事們。多虧了這些老師，我才能擦乾眼淚，重新回到孩子身邊，集中心力傾聽孩子的聲音。感謝一起分享想法的Books Moms、Book Club等讀書會的夥伴們。

也感謝讀完原稿後提出意見的權赫仁、金美珠、金雪雅、李素利、李夏熙、李漢森、李賢雅、趙詩恩、趙友利。多虧了這些看完草稿也不吝指教鼓勵的朋友們，我才能一直拿出勇氣。

感謝一起探險童書世界、一起發現生活種子的可靠同事，同時也是繪本研究會的老師們。

更感謝在我忙著寫作、上課、主持哲學社團時，幫我守護家人的媽媽池金順及爸爸禹鍾福。

最後，我有話一定要對孩子們說。在書中雖然我做了些調整，也使用化名，但因為都是實際發生的故事，所以我想應該會有孩子發現是自己的故事。也許你會為自己曾說過那樣精采的話而感到驚奇。

這一切都是因為你們對我敞開心扉才有的成果。

謝謝你們愉快地與我分享你們的發現及想法。

Eurasian Publishing Group 圓神出版事業機構 用心與你對話・網野無限寬廣
究竟出版社 Athena Press
www.booklife.com.tw
reader@mail.eurasian.com.tw

哲學 046

搭上哲學巴士，引導孩子獨立思考：
12趟最有趣的傾聽、提問、對話之旅
철학 버스：생각의 씨앗을 발견하는 열두 번의 부모 철학 수업

作　　者／禹抒希 우서희
譯　　者／馮燕珠
發 行 人／簡志忠
出 版 者／究竟出版社股份有限公司
地　　址／臺北市南京東路四段50號6樓之1
電　　話／（02）2579-6600・2579-8800・2570-3939
傳　　真／（02）2579-0338・2577-3220・2570-3636
副 社 長／陳秋月
副總編輯／賴良珠
責任編輯／歐玟秀
校　　對／歐玟秀・林雅萩
美術編輯／蔡惠如
行銷企畫／陳禹伶・鄭曉薇
印務統籌／劉鳳剛・高榮祥
監　　印／高榮祥
排　　版／陳采淇
經 銷 商／叩應股份有限公司
郵撥帳號／ 18707239
法律顧問／圓神出版事業機構法律顧問　蕭雄淋律師
印　　刷／國碩印前科技股份有限公司
2025年3月　初版

定價 420 元　　ISBN 978-986-137-474-1

透過給予年輕人令人振奮的機會以贏得聲望，並滿足他們對地位和尊重的需求，導師思維的領導者讓他們有機會感受到這樣的美好。

——《10到25：激勵年輕人的科學》

國家圖書館出版品預行編目資料

搭上哲學巴士，引導孩子獨立思考：12 趟最有趣的傾聽、提問、對話之旅／禹抒希 著；馮燕珠 譯.
-- 初版. -- 臺北市：究竟出版社股份有限公司，2025.03
288 面；14.8×20.8 公分. --（哲學；46）
譯自：철학 버스 : 생각의 씨앗을 발견하는 열두 번의 부모 철학 수업
ISBN 978-986-137-474-1（平裝）
1.CST：思考 2.CST：維方法 3.CST：子女教育 4.CST：親職教育

528.2 114000399